함께 즐기는 컴퓨팅 사고와 정보과학

비버챌린지

2020년도 기출문제집

초등학생용

주최 한국정보과학교육연합회(Korea Information Science Education Federation)

주관 한국비버챌린지(Bebras Korea)

후원 넥슨(Nexon), 한국과학창의재단, 한국교육방송공사(EBS), 한국정보교사연합회, 한국정보과학회, 한국컴퓨터교육학회, 한국정보교육학회, 아주대SW중심대학사업단, 생능출판사

집필진

고서연(성산초등학교)

김도용(인천석정초등학교)

김동윤(아주대학교)

김성열(건국대학교)

김슬기(안산원곡초등학교)

김승수(행정초등학교)

김인주(대전동광초등학교)

김지혜(충북고등학교)

김학인(한성과학고등학교)

문광식(세종과학예술영재학교)

박정아(울산과학고등학교)

박희진(한양대학교)

안문옥(부천여월중학교)

예홍진(아주대학교)

이현아(세종과학예술영재학교)

임건웅(보람고등학교)

전수진(호서대학교)

전현석(경기과학고등학교)

전용주(안동대학교)

정웅열(백신중학교)

정종광(경기과학고등학교)

조병규(홍광초등학교)

최정원(만월중학교)

비버챌린지 2020년도
기출문제집(초등학생용)

초판인쇄 2020년 12월 11일
초판발행 2020년 12월 18일
지은이 한국비버챌린지(Bebras Korea)
펴낸이 김승기
펴낸곳 (주)생능출판사 / 주소 경기도 파주시 광인사길 143
출판사 등록일 2005년 1월 21일 / 신고번호 제406-2005-000002호
대표전화 (031)955-0761 / 팩스 (031)955-0768
홈페이지 www.booksr.co.kr
책임편집 유제훈 / **편집** 신성민, 양동글, 권소정 / **디자인** 유준범(표지디자인)
마케팅 최복락, 심수경, 차종필, 백수정, 최태웅, 명하나, 김범용
인쇄/제본 영신사
ISBN 978-89-7050-475-9
정가 10,000원

 ## 비버챌린지(Bebras Challenge)란?

비버챌린지는 컴퓨팅 사고(Computational thinking)와 정보과학(Infomatics)을 경험할 수 있는 전세계인의 축제입니다.

- 특별한 사전 지식이 없어도 누구나 도전할 수 있습니다.
- 컴퓨터 기반 테스트(CBT) 환경을 통해 어디에서나 쉽게 참여할 수 있습니다.
- 비버챌린지의 모든 문제는 컴퓨팅 사고를 통해 해결 가능한 흥미롭고 재미있는 상황을 담고 있습니다.

 ## 비버챌린지 그룹

비버챌린지는 학생들의 연령과 수준을 고려하여 6개 그룹으로 구분되어 있습니다.

구분	대상	문항수	시험시간
그룹 Ⅰ	초등학교 1~2학년	8문항	30분
그룹 Ⅱ	초등학교 3~4학년	10문항	35분
그룹 Ⅲ	초등학교 5~6학년	10문항	35분
그룹 Ⅳ	중학교 1학년	12문항	40분
그룹 Ⅴ	중학교 2~3학년	12문항	40분
그룹 Ⅵ	고등학교 1~3학년	15문항	45분

 ## 비버챌린지는 순위를 매기지 않습니다.

비버챌린지는 컴퓨팅 사고를 즐기며 도전하는 데 의의를 둡니다. 따라서 개인 석차나 백분율은 제공하지 않습니다. 또한 참가 학생들의 개인 정보를 제외한 응시 결과는 정보(SW)교육 발전을 위한 연구에 활용합니다.

한국비버챌린지(Bebras Korea)란?

비버챌린지는 세계 최고의 정보과학 & 컴퓨팅 사고력 축제입니다.

- 한국비버챌린지는 우리나라 정보(SW)교육을 위해 봉사하는 현직 교사·교수들로 조직된 비영리 단체입니다.
- 한국비버챌린지는 비버챌린지 문제 개발 및 챌린지 운영, 정보(SW) 교육 연구, 교재 집필, 교사 연수 및 학생 캠프 강의 등의 역할을 수행하고 있습니다.
- 한국비버챌린지(www.bebras.kr)는 국제비버챌린지(www.bebras.org)의 공식 회원국이 된 대한민국을 대표하여 다양한 국제 협력 활동에 적극 참여하고 있습니다.

홈페이지(www.bebras.kr)

1 단계

신청하기 (9~10월경)

- 비버챌린지에 도전하기 위해서는 회원가입과 참가신청이 필요합니다.
▶ 로그인/회원가입
▶ 참여하기 ▶ 참가신청

2 단계

체험하기 (상시)

- 기출문제를 체험하면서 비버챌린지 문항 및 응시 방식에 적응할 수 있습니다.
- 예시문항은 누구나 상시 체험 가능하며, 참가 학생들은 모든 기출문제를 1년간 체험할 수 있습니다.
▶ 참여하기 ▶ 체험하기 ▶ 응시코드 입력

3 단계

도전하기 (10~11월경)

- 성적에 관계없이 도전하기에 참가한 모든 학생에게 이수증을 발급합니다.
- 도전하기 기간이 끝난 이후에는 응시결과 확인, 설문 참여, 문제 다시 풀어보기가 가능합니다.
▶ 참여하기 ▶ 도전하기 ▶ 응시코드 입력

4 단계

해설 강의 보기 (상시)

- 비버챌린지 유튜브 채널에서 그룹별, 문항별 정답 및 풀이를 확인할 수 있습니다.
▶ www.youtube.com/bebraskorea 접속하기

한국비버챌린지에서는 본문의 문제와 관련된 유튜브 동영상 강의를 제공하고 있습니다.

① 웹브라우저를 이용해 한국비버챌린지 유튜브 계정에 접속합니다.
www.youtube.com/bebraskorea/

② 재생목록 탭을 클릭합니다.

③ 재생목록의 이름을 통해 연도와 그룹에 맞는 재생목록을 클릭합니다.

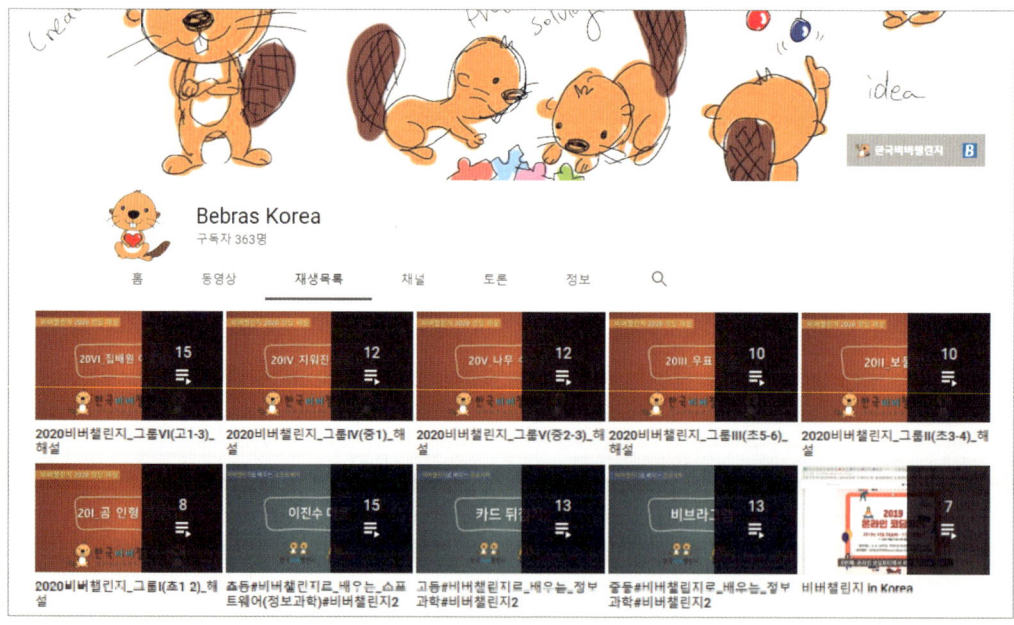

Bebras Challenge

차례

비버챌린지 2020

그룹 Ⅰ

(초등학교 1~2학년용)

01 곰 인형 고르기

캐나다(Canada)

2020-CA-06_Bear selection

문제의 배경

렌(Ren)은 곰 인형 중에서 1개를 골라 학교에 가져와서 친구들에게 자랑하려고 한다.

문제 / 도전

렌이 고른 인형은 발에 별 모양이 있고, 스카프를 매거나 리본을 달았으며, 안경을 쓰지 않았다. 어떤 인형일까?

A)	B)	C)	D)	E)	F)

02 비버의 꼬리

리투아니아(Lithuania)

2020-LT-12_Bebras tail

 문제의 배경

그림과 같은 비버 퍼즐이 있다.

 문제 / 도전

비버 꼬리가 될 수 없는 조각을 모두 고르시오.

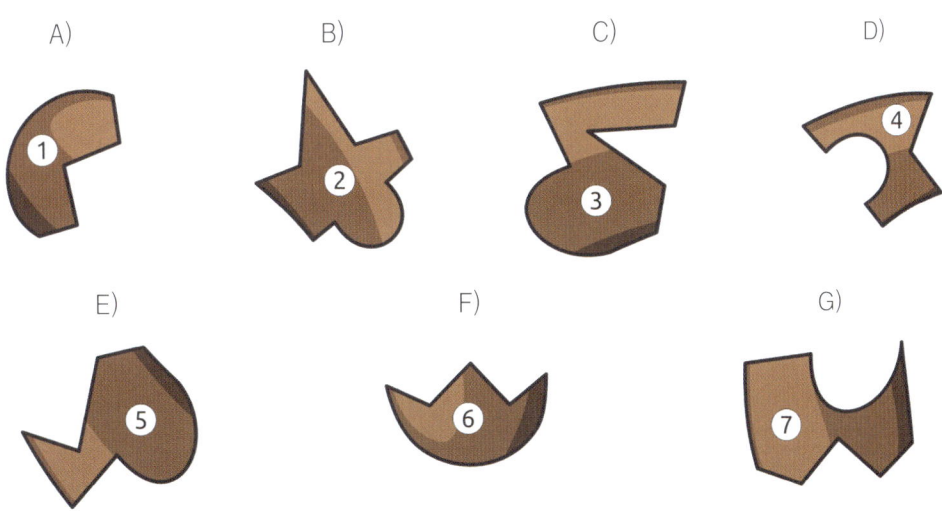

03 기찻길

포르투갈(Portugal)

2020-PT-06_Train tracks

 **문제의 배경**

기차가 기차역에 안전하게 도착할 수 있도록 기찻길을 놓으려고 한다.

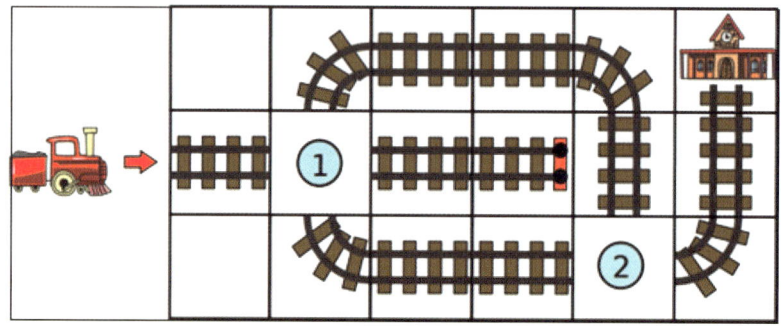

 **문제 / 도전**

①과 ②에 어떤 기찻길을 놓아야 할까?

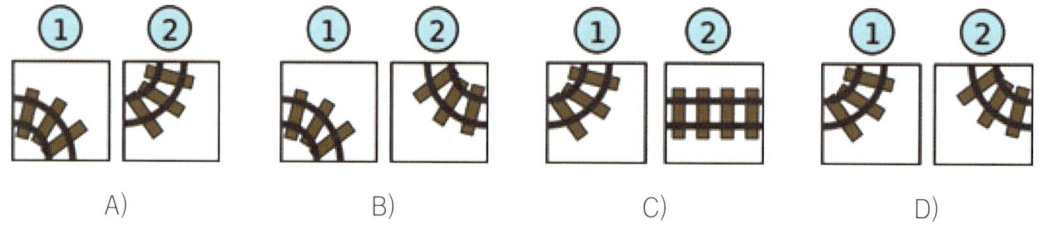

A)   B)   C)   D)

04 로봇 그리기

세르비아(Serbia)

2020-RS-04_Drawing a robot

 문제의 배경

젤레나(Jelena)는 컴퓨터로 그림 그리기를 좋아한다. 젤레나는 로봇을 그리기 위해 먼저 로봇의 부품을 각각 그렸다. 그런 다음 부품을 하나씩 겹쳐가며 로봇을 완성했다.

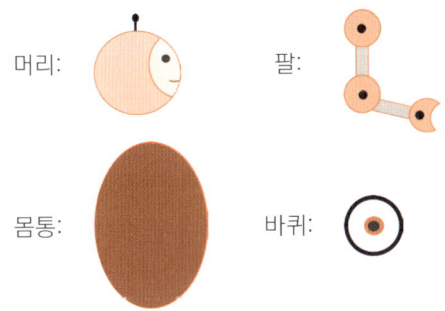

머리:

팔:

몸통:

바퀴:

 문제 / 도전

로봇 부품은 사용한 순서에 따라 먼저 사용한 것이 아래에 깔리고, 나중에 사용한 것이 위로 올라간다. 젤레나가 로봇 부품을 사용한 순서는 무엇일까?

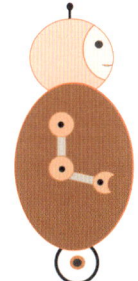

A) 머리, 바퀴, 몸통, 팔

B) 바퀴, 몸통, 머리, 팔

C) 몸통, 바퀴, 팔, 머리

D) 바퀴, 머리, 팔, 몸통

05 발자국

2020-UY-01_Footprint

우루과이(Uruguay)

 문제의 배경

가게에 동물 로봇 4대가 있다. 어떤 동물 로봇이 밤에 몰래 가게를 돌아다니며 발자국을 남겼다.

 문제 / 도전

가게를 돌아다닌 동물 로봇은 누구인가?

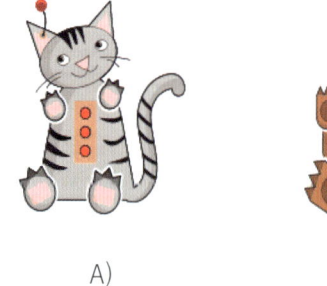

A)   B)

C)   D)

06 파티 암호
2020-IE-01b_Party message

아일랜드(Ireland)

 문제의 배경

앤(Ann)은 친구들을 파티에 초대하기 위해 암호 메시지를 막대 5개에 나누어 새겼다. 암호 메시지에는 파티장 출입 비밀번호가 있으며 막대를 순서대로 나열해야 확인할 수 있다. 그런데 앤의 실수로 막대가 섞이는 바람에 다시 정리를 해야 한다.

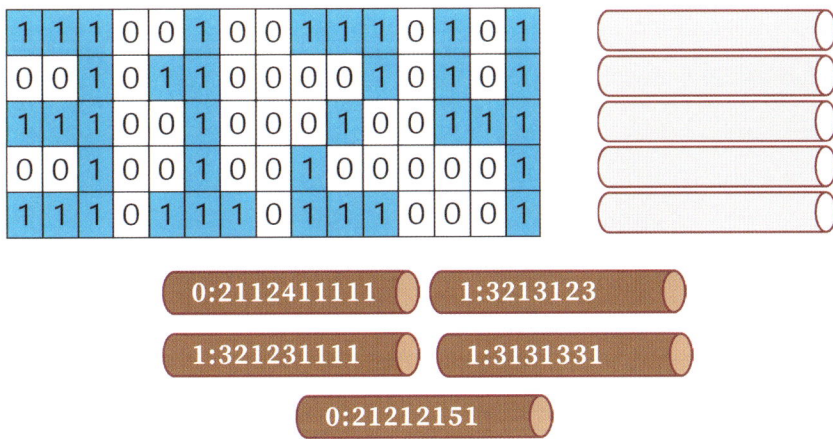

 문제 / 도전

다음 중 막대기를 올바른 순서로 배치한 것을 고르시오.

A)	B)	C)	D)
1:3131331	1:3213123	1:321231111	1:321231111
0:2112411111	0:21212151	0:21212151	0:2112411111
1:321231111	1:3131331	1:3213123	1:3213123
0:21212151	0:2112411111	0:2112411111	0:21212151
1:3213123	1:321231111	1:3131331	1:3131331

[초등학교 1~2학년용]

07 생물 관찰 일지

터키(Turkey)

2020-TR-03_Hidden beauties of forest

문제의 배경

공원을 산책하던 아이들이 서로 다른 나무에 살고 있는 4종류의 생물을 발견하고 다음과 같이 관찰 일지를 썼다.

- 애벌레는 나뭇잎이 가장 많은 나무에 있다.
- 나비는 달팽이가 있는 나무보다 잎이 많은 나무에 있다.
- 무당벌레는 흰색에 검정색 무늬가 있는 나무에 있다.

나무

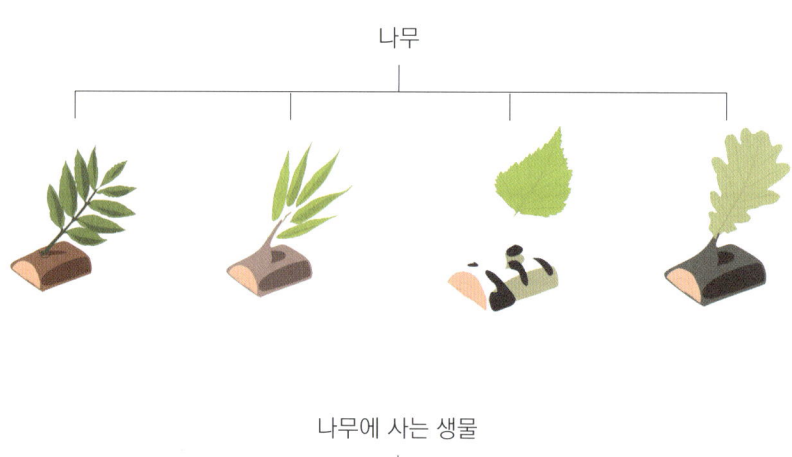

나무에 사는 생물

문제 / 도전

다음 중 나무와 나무에 사는 생물이 모두 바르게 짝지어진 것을 고르시오.

08 사탕 나눠주기

2020-KR-06_Handing out candy

 문제의 배경

아빠 비버는 아기 비버들에게 모양과 색깔이 다른 사탕을 나눠주고 싶어 한다.

아담(Adam)은 "나는 빨간 사탕은 싫어."라고 말한다.
데이비드(David)는 "나는 별모양 사탕을 받고 싶어."라고 말한다.
벨라(Bella)는 "네모나 세모 사탕을 받고 싶어."라고 말한다.
샤롯(Charlotte)은 "난 빨간 사탕을 받고 싶어."라고 말한다.

 문제 / 도전

모든 비버가 만족하도록 사탕을 나눠주려 한다. 다음 중 비버에게 나누어줄 사탕이 모두 바르게 짝지어진 것을 고르시오.

A) 아담 – ● 데이비드 – ⭐ 벨라 – 🟩 샤롯 – 🔺

B) 아담 – ⭐ 데이비드 – ● 벨라 – 🟩 샤롯 – 🔺

C) 아담 – 🟩 데이비드 – ⭐ 벨라 – 🔺 샤롯 – ●

D) 아담 – 🟩 데이비드 – 🔺 벨라 – ● 샤롯 – ⭐

비버챌린지
2020
그룹 II

(초등학교 3~4학년용)

01 비버 미용실

2020-CA-05_Beaver salon

문제의 배경

미용사 이리나(Irina), 아자니(Ajani), 주리(Zuri), 피아(Pia)가 미용실에서 일하고 있다. 미용사는 3가지의 일을 할 수 있고, 각각의 일을 하는 데 걸리는 시간은 다음과 같다.

일	시간
잔털 정리	5분
이빨 갈기	8분
꼬리 광택	15분

미용사들이 그림과 같이 각자의 일을 시작했다. 미용사는 지금 하고 있는 일이 끝나면, 기다리고 있는 다음 손님의 요청에 따라 곧바로 일을 시작한다.

문제 / 도전

오비(Obi)는 꼬리 광택을 내기 위해 기다리고 있다. 어떤 미용사가 일을 하게 될까?

A) 이리나

B) 아자니

C) 주리

D) 피아

02 테디 베어 사진 찍기

아이슬란드(Iceland)

2020-IS-02_Teddy bear hunt

 문제의 배경

비버가 테디 베어(TEDDY BEAR)라고 적힌 집에서 출발하여 길을 따라 여행한다. 여행 중에 곰 인형을 만나면 사진을 찍고, 여행이 끝나면 다시 집으로 돌아온다. 다음은 비버의 집과 길이 그려진 지도이다.

비버는 돌아다니는 동안 4개의 곰 인형을 만났지만, 사진은 아래와 같이 3장밖에 찍지 못했다.

문제 / 도전

비버가 만났지만, 사진을 찍지 못한 곰 인형은 무엇일까?

A)

B)

C)

D)

한 발 뛰기 놀이

2020-LT-09_Choose a way

리투아니아(Lithuania)

 문제의 배경

벤(Ben)은 마당에 '한 발 뛰기 놀이' 말판을 그렸다.

벤은 첫 번째 녹색 칸에서 게임을 시작하고, 다음 규칙에 따라 한 발 뛰기를 반복한다.

- 자신이 서 있는 칸에 그려진 화살표 방향으로 화살표 개수만큼 이동한다.
- 만일 화살표가 가리키는 방향이 막혀있다면, 왼쪽 또는 오른쪽 방향으로 이동한다.

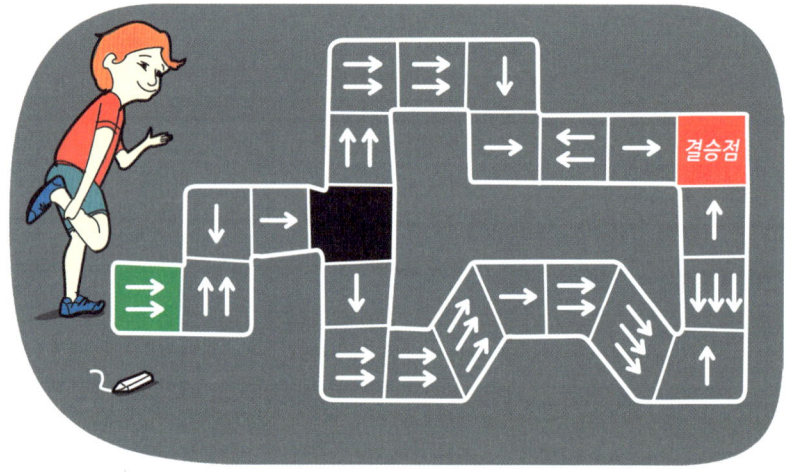

 문제 / 도전

벤이 결승점에 도착하려면 빈칸(■)에 어떤 회살표를 그려야 하는가?

A) 　　B) 　　C) 　　D)

04 비밀번호 규칙

리투아니아(Lithuania)

2020-LT-16_Remembering a password

문제의 배경

비버 피피쿠스(Pfifikus)는 자신은 잘 기억할 수 있지만, 다른 사람은 쉽게 알아챌 수 없는 비밀번호를 만들고 싶어 한다. 그래서 피피쿠스는 특별한 방법을 사용하여 비밀번호를 만들었다.

비버 피피쿠스는 다음 문장을 가장 좋아한다.

"나는 빌헬름 요리사가 만든 굴라쉬를 좋아한다."

그리고 이 문장을 사용하여 비밀번호를 만들었다.

ㄴ2ㅂ3ㅇ4ㅁ2ㄱ4ㅈ4

문제 / 도전

피피쿠스의 방법으로 비밀번호를 만들려고 한다. 다음 문장으로 비밀번호를 만들어라.

"나는 한나 선생님께 정보과학을 배운다."

단답형(10자) ＿＿＿ ＿＿＿ ＿＿＿ ＿＿＿

05 의류 분류하기

2020-NZ-01_Object sorter

뉴질랜드(New Zealand)

 **문제의 배경**

보라(Bora)는 다음 순서도에 따라 3개의 서랍에 의류를 정리하였다.

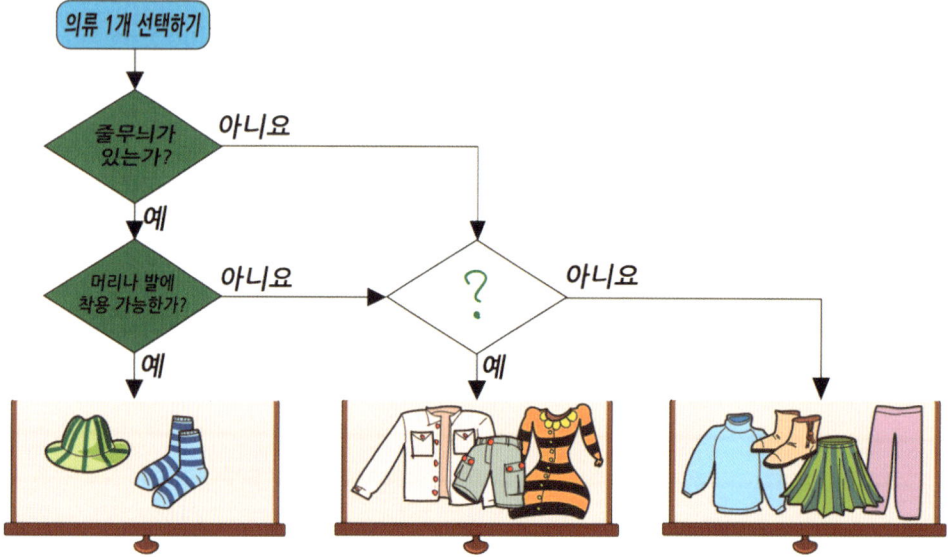

다음은 위의 방법에 따라 모자(🧢)를 서랍에 넣는 절차이다.

① "의류 1개 선택하기"에서 모자를 선택하고 화살표를 따라간다.

② "줄무늬가 있는가?"라는 물음에, 모자에 줄무늬가 있으므로 "예" 화살표를 따라간다.

③ "머리나 발에 착용 가능한가?"라는 물음에, 머리에 착용하는 것이므로 "예" 화살표를 따라간다.

④ 첫 번째 서랍에 모자를 넣는다.

문제 / 도전

보라가 3개의 서랍에 의류를 정리한 결과가 위와 같을 때, 순서도의 (?) 부분에는 어떤 질문이 들어가야 할까?

A) 소매가 긴가?

B) 단추가 있나?

C) 지퍼가 있나?

D) 주머니가 있나?

06 보물섬

2020-AT-02_Treasure island

 문제의 배경

해적 피에르(Pierre)는 지도에 표시된 섬①에 살고 있다. 그는 숨겨진 보물을 얻기 위해 어떤 다리를 건너야 하는지 알려주는 비밀코드 B-A-C-A-A-B 를 받았다. 이 코드는 피에르가 위치한 섬에서 갈 수 없는 다리에 대한 문자를 포함하기도 한다. 이 경우, 해당 문자를 무시하고 코드의 다음 문자를 확인해야 한다.

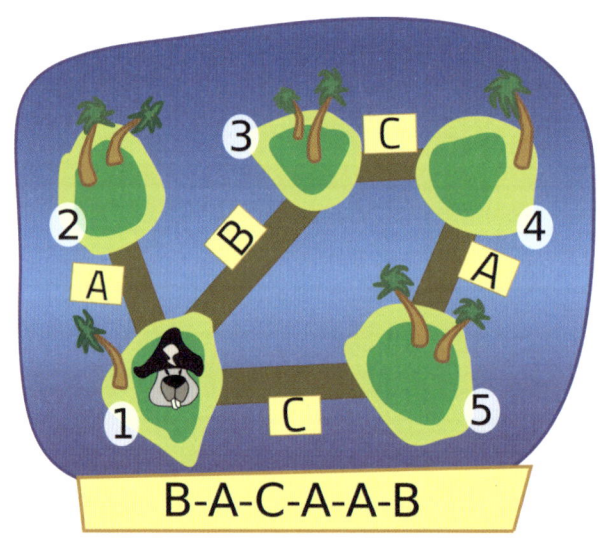

예를 들어, 코드가 A-B-A 인 경우 피에르는 다리 A를 건너 섬①에서 섬②로 이동한다. 그런 다음 다리 B가 없기 때문에 섬②에 머문다. 그리고 마지막 코드에 따라 그는 다리 A를 건너 섬①로 돌아간다.

문제 / 도전

비밀 코드는 B-A-C-A-A-B 이다. 보물이 숨겨져 있는 섬은 어느 곳인지 찾으시오.

A) 섬②

B) 섬③

C) 섬④

D) 섬⑤

07 기차표 예매하기

대한민국(South Korea)

2020-KR-05_Train ticket reservation

 문제의 배경

알렉스(Alex)와 밥(Bob)은 주말에 기차 여행을 가기로 했다. 알렉스와 밥이 티켓을 예약할 때 고려해야 할 조건은 다음과 같다.

- 예약 불가능 좌석은 선택할 수 없다.
- 알렉스와 밥은 서로 옆에 앉기를 원한다.
- 알렉스는 멀미 때문에 앞보기 좌석에 앉기를 원한다.
- 밥은 가능한 한 스낵 코너에 가깝게 앉기를 원한다.

기차표를 예약하기 위해 예약 프로그램에 접속했을 때 다음과 같은 화면이 나왔다.

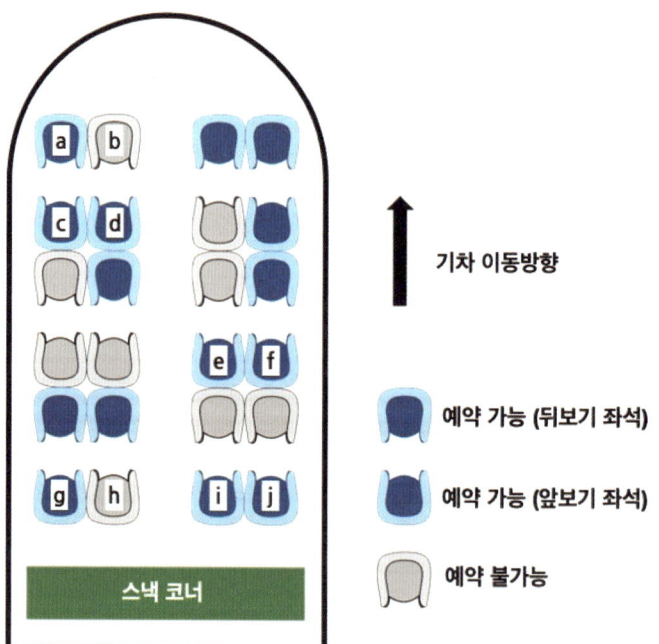

🌱 문제 / 도전

다음 중 모든 조건을 만족하는 두 개의 좌석을 고르시오.

A) i와 j   B) g와 h   C) c와 d   D) e와 f

별모양 달모양 팔찌

벨기에(Belgium)

2020-BE-03_Stars and moons

 ## 문제의 배경

메리(Mary)는 존(John)에게 다음과 같은 '별모양 달모양 팔찌' 만드는 방법을 알려주었다.

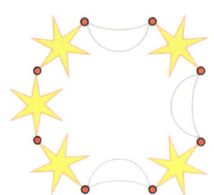

단계1) 별 모양 한 개, 달 모양 한 개를 연결하여 1묶음을 만든다.

단계2) 단계1)을 2번 더 반복한다.

단계3) 단계1)과 단계2)에서 만든 3묶음을 한 줄로 연결한다.

단계4) 줄의 한쪽 끝에 별을 2개 더 묶고, 양 끝을 연결하여 팔찌를 만든다.

메리가 알려준 방법대로 팔찌를 만든다면 위의 그림 말고도 다양한 모양의 팔찌를 만들 수 있다.

 ## 문제 / 도전

다음 중 메리가 설명한 방법으로 만들어지지 않은 팔찌는 무엇인가?

A)

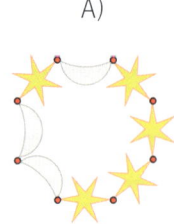

B)

C)

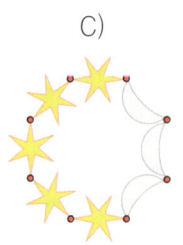

D)

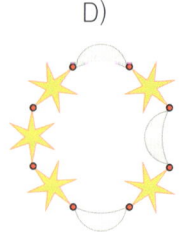

09 스프링클러

슬로바키아(Slovakia)

2020-SK-03b_Sprinkler

문제의 배경

밥(Bob)은 [그림1]과 같이 사각형 격자 모양 정원의 일부에 화단을 가꾼다. 화단에 물을 주기 위해 정원의 빈 사각형에 스프링클러를 설치하려고 한다. 각 스프링클러는 [그림2]와 같이 이웃하는 8개의 사각형 화단에 물을 줄 수 있다.

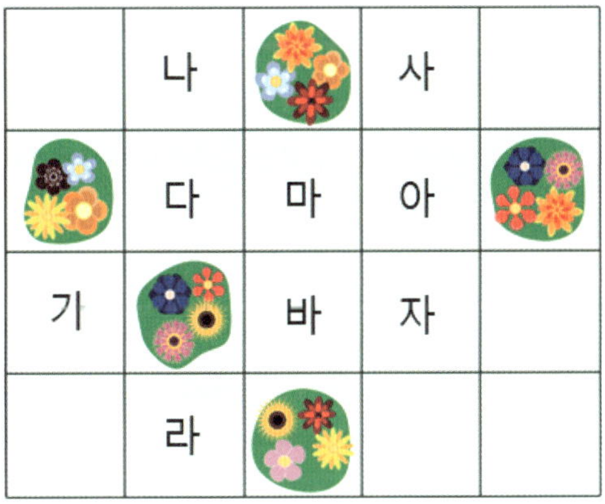

	나	🌼	사	
🌼	다	마	아	🌼
가	🌸	바	자	
	라	🌸		

[그림1]

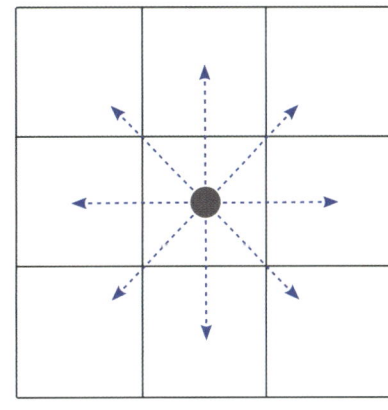

[그림2]

문제 / 도전

모든 화단에 물을 주기 위해 필요한 최소한의 스프링클러를 설치하려고 한다. 스프링클러를 설치해야 할 위치를 고르시오.

A) 가, 사

B) 나, 마, 자

C) 다, 라, 아

D) 다, 자

10 좋아하는 동물

2020-US-04_Favorite animals

 문제의 배경

메리(Mary)와 킴(Kim)은 좋아하는 동물에 대해 이야기하다가 한 사람만 좋아하는 동물과 둘 다
좋아하는 동물이 있다는 것을 알았다.

 문제 / 도전

각자가 좋아하는 동물을 다음 두 개의 원 안에 넣어 구분하기로 했다. 메리가 좋아하는 동물을
분홍색 원에, 킴이 좋아하는 동물을 파란색 원에, 둘 다 좋아하는 동물은 두 원에 모두 들어갈 수
있도록 바르게 분류한 것을 고르시오.

A)

B)

C)

D)

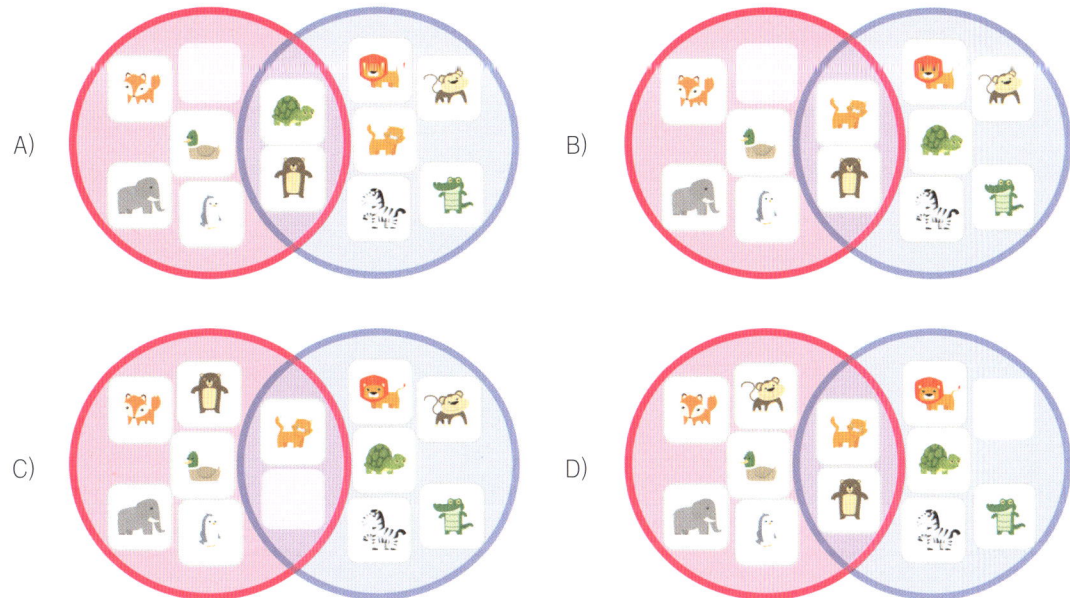

비버챌린지 2020

그룹 III

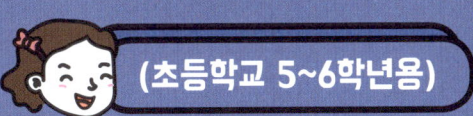

(초등학교 5~6학년용)

01 물물교환하기

2020-CH-07_Beaver at the castle

 문제의 배경

비버 한스(Hans)가 강에 댐을 만들기 위해서는 전나무🌲 한 그루가 필요하다. 그런데, 한스가 지금 가지고 있는 것은 당근🥕 한 개뿐이다. 한스는 물물교환시장에 가서 당근🥕 을 전나무🌲로 바꾸려고 한다. 시장에 있는 가게에서는 아래와 같이 두 가지 교환만 가능하다.

A 가게: 🥕 → 🐟 또는 🟡 → 🍁

B 가게: 🐟 → 🧁 또는 💍 → 🍦

C 가게: 🍦 → 🟡 또는 💍 → 🍁

D 가게: 🥕 → 🧁 또는 🥕 → 🍦

E 가게: 🥕 → 🟡 또는 💍 → 🌲

F 가게: 💍 → 🟡 또는 🍦 → 🐟

G 가게: 🍦 → 💍 또는 🥕 → 🍁

H 가게: 🥕 → 🍁 또는 🧁 → 🐟

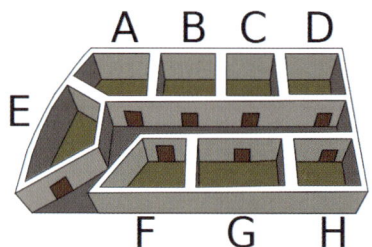

🪵 **문제 / 도전**

한스가 당근🥕 을 전나무🌲로 교환하려면 어떤 가게를 들러야 하는지 차례대로 나타내시오.

A) D → G → E   B) G → G → E   C) A → G → E   D) D → B → C

02 버섯 고르기

2020-KR-07_Picking mushroom

 ### 문제의 배경

비버는 버섯을 먹지 않지만, 버섯 박물관에 전시할 버섯을 모으려고 한다. 박물관에서는 희귀한 버섯만 전시하는데, 어떤 버섯이 희귀한지는 아래 표에 따라 계산한 점수로 결정된다.

버섯 모양과 점수					점수에 따른 판단
	대	갓			각 특징에 따른 점수를 모두 더한 결과, •0~3점이면 '보통' •4점 이상이면 '희귀함'
갓 대	턱받이가 있으면 1점	뿔이 있으면 2점	점무늬가 있으면 3점	줄무늬가 있으면 5점	

비버 코비(Cobi)는 박물관에 전시할 희귀한 버섯을 찾아 숲으로 갔다.

문제 / 도전

코비가 가져올 희귀한 버섯들만 고른 것은?

A)

B)

C)

D)

03 캥거루 점프

리투아니아(Lithuania)

2020-LT-01_Jumping kangaroo

문제의 배경

캥거루가 집으로 가려고 한다. 캥거루는 길을 따라서만 가로 또는 세로로 점프할 수 있고, 길 위에 놓여 있는 블록이 1~2개인 경우에만 점프하여 지나갈 수 있다.

문제 / 도전

캥거루가 최대한 빨리 집에 가려고 한다. 점프를 몇 번 해야 할까?

A) 13번   B) 14번   C) 15번   D) 16번

04 통나무 구조물

리투아니아(Lithuania)

2020-LT-08_A tree structure

 ## 문제의 배경

비버들은 오두막(S)에서부터 시작하여 통나무를 가지고 놀라운 구조물을 만들 수 있다.

오두막에 연결된 모든 길은 2개의 명령어 L(왼쪽)과 R(오른쪽)을 이용해 표현할 수 있다. 예를 들어, 오두막에서 나비가 있는 곳까지 가는 길은 SRLRL로 표현된다.

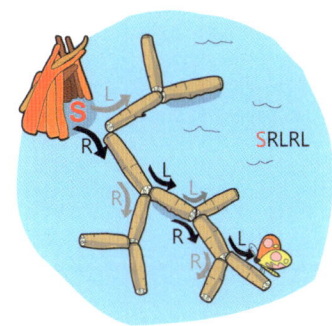

 ## 문제 / 도전

오두막(S)에서 비버가 앉아 있는 곳까지 가는 길을 표현한 것은?

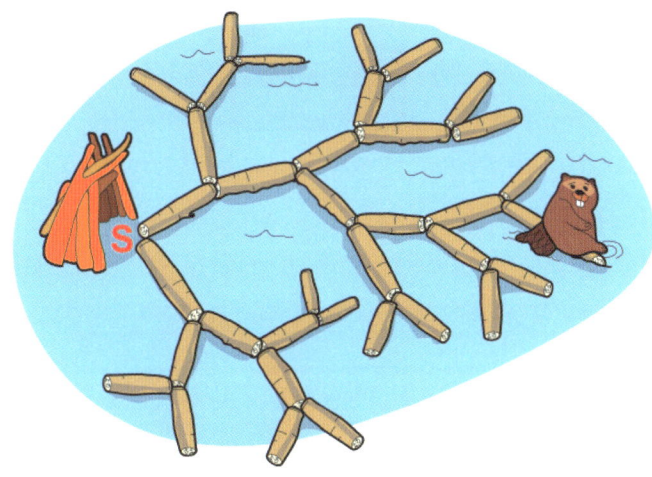

A) SLRRLLR   B) SLRLRLR   C) SLRRLRR   D) SLRLLLR

카드 만들기

세르비아(Serbia)

2020-RS-03_Data visualization

 문제의 배경

밀란(Milan)과 마야(Maya)는 각자 자신이 원하는 모양의 카드를 만들기 위해 설문지에 답하였다. 밀란은 다음과 같이 선택하였다.

1번 선택: A   2번 선택: B   3번 선택: C   4번 선택: A

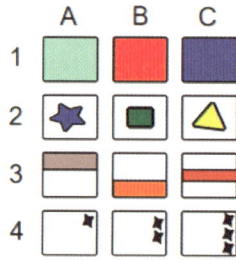

그리고 밀란은 자신의 선택에 따라 아래와 같은 카드를 받았다.

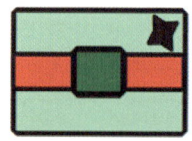

 문제 / 도전

마야가 다음과 같이 선택하였을 때, 받게 될 카드는 무엇인가?

1번 선택: B   2번 선택: B   3번 선택: A   4번 선택: B

A)    B)    C) 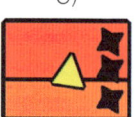   D)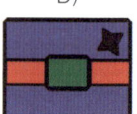

연극 공연

2020-SK-01_Theater performance

슬로바키아(Slovakia)

 문제의 배경

연극배우들이 다음 그림과 같이 위에서 아래의 순서로 무대에 올라가거나 내려간다. 연극은 1부와 2부로 나누어져 있으며, 1부와 2부 사이에는 휴식 시간이 있다.

배우가 무대에 올라간다.

배우가 무대에서 내려간다.

 **문제 / 도전**

다음 중 사실과 다른 문장은 무엇인가?

A) 왕자와 공주가 무대에 함께 있었다.

B) 왕과 용이 무대에 함께 있었다.

C) 휴식 시간이 끝난 후에 왕자가 무대에 올라갔다.

D) 왕자와 용이 무대에 함께 있었다.

07 우표 수집

호주(Australia)

2020-AU-02_Stamp collecting

 문제의 배경

비버들이 수집한 우표들을 그려진 모양에 따라 정렬하려고 한다. 그런데 조(Joe)가 실수로 몇 장의 우표를 떨어뜨려 다음과 같이 되었다.

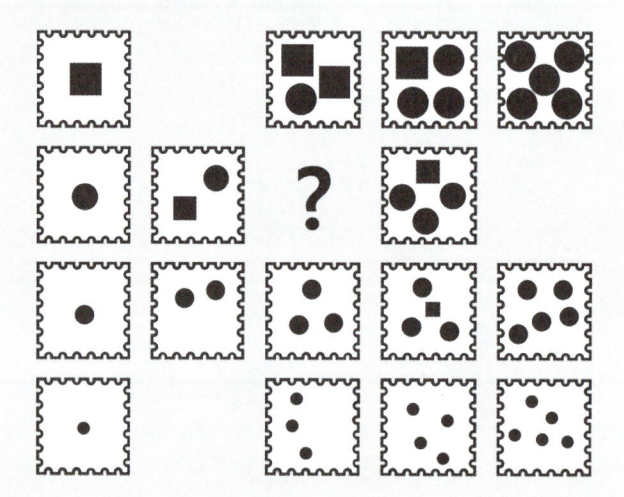

 문제 / 도전

조가 떨어뜨린 4장의 우표 중에서 ?로 표시된 빈칸에 알맞은 우표를 고르시오.

A)    B)    C)    D)

08 충돌 금지

2020-CZ-03_Don't crash

체코(Czech Republic)

 문제의 배경

정사각형 타일이 7×6격자 형태로 깔려있고 사방이 벽으로 둘러싸인 방을 청소 로봇( )이 청소를 하려고 한다. 로봇은 상하좌우 네 개의 방향 중 하나를 바라보고 있다. 로봇 이동을 위한 프로그램에 사용되는 명령어는 다음과 같다.

• STEP: 현재 위치에서 앞으로 1칸 이동,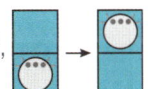

• LEFT: 시계 반대 방향으로 90도 회전,

• RIGHT: 시계 방향으로 90도 회전,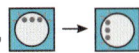

 문제 / 도전

처음에 로봇이 바라보고 있는 방향이 어느 방향이든 관계없이 프로그램을 실행했을 때 벽과 충돌하지 않고 끝까지 아래의 명령어를 실행할 수 있도록 하려 한다. 로봇의 출발 위치가 될 수 있는 타일은 모두 몇 개인가?

명령어 : STEP - LEFT - STEP - RIGHT - STEP

A) 2개

B) 6개

C) 10개

D) 20개

09 점 연결하기

북마케도니아(North Macedonia)

2020-MK-01_Connecting the dots

🪵 문제의 배경

연필을 종이에서 떼지 않고 한 번에 그림을 그리려고 한다. 주어진 점과 점을 선으로 연결하여 그림을 그리는데, 같은 점 두 개를 연결하는 선은 두 번 이상 그리면 안 된다.

예를 들어, 아래 그림과 같이 화살표 방향을 따라 연필을 종이에서 떼지 않고 한 번에 집 모양을 그릴 수 있다.

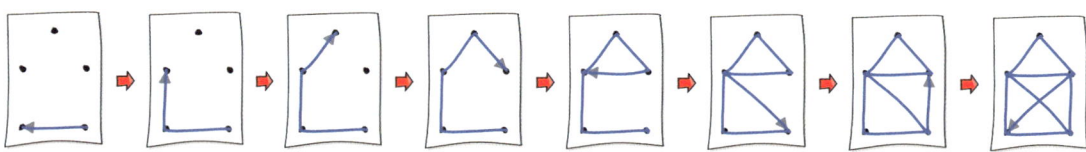

🪵 문제 / 도전

다음 중 연필을 종이에서 떼지 않고 한 번에 그릴 수 있는 그림을 고르시오.

A)   B)   C)   D)

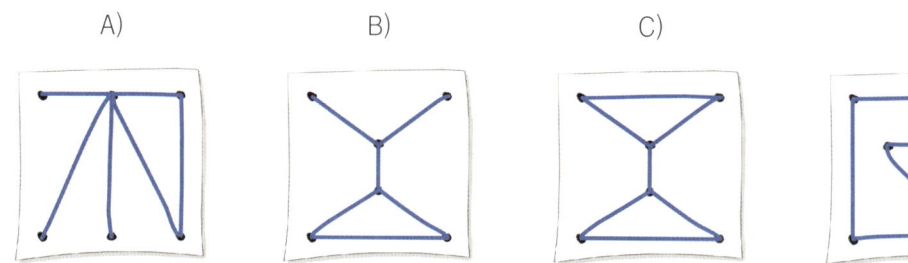

10 전통 자수

2020-HR-02_Needlework

크로아티아(Croatia)

 문제의 배경

코나블레(Konavle)는 노란색과 빨간색을 이용하는 전통 자수이다.

노란색과 빨간색의 크로아티아 전통 자수를 좋아하는 리나(Lina)는 자수의 패턴을 만드는 방법을
배우려고 한다. 그녀의 친구 테레사(Tereza)는 다음과 같은 그림을 보여주고 그림에 대한 설명과
코드를 알려주었다.

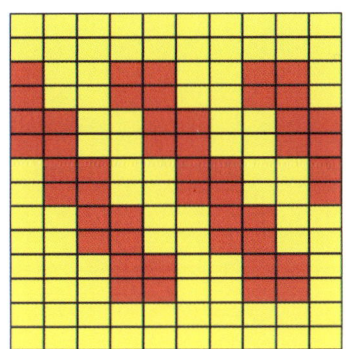

• 설명: 아래에서 위로, 왼쪽에서 오른쪽으로 보기

• 코드:
```
8.4.2
6.4.4
4.4.6
2.4.4.2.2
2.2.4.4.2
6.4.4
4.4.6
2.4.4.2.2
2.2.4.4.2
6.4.4
```

 문제 / 도전

테레사는 친구들에게 새로운 패턴에서 코드들의 길이를 최대한 줄이기 위해 반복되는 부분만
아래와 같이 알려주었다. 오른쪽에 주어진 새로운 패턴에 알맞은 코드를 찾아 고르시오.

A)
```
1.1.1.1.1.1.1
1.2.1.2.1
```

B)
```
1.1.1.1.1.1.1
2.3.2
```

C)
```
1.1.1.1.1.1.1
1.5.1
```

D)
```
1.1.1.1.1.1.1
2.1.1.1.2
```

그룹 Ⅰ : 01 곰 인형 고르기

 **정답** D)

 **설명**

곰인형의 특징(발에 별 모양, 스카프, 리본, 안경)을 주어진 조건과 비교하면서, 어떤 기호(A, B, C, D, E, F)가 만족하는지 알 수 있다.

주어진 조건: 발에 별 모양이 있음. 스카프를 매거나 리본을 달았음. 안경을 쓰지 않음.

	A)	B)	C)	D)	E)	F)
발에 별 모양이 있는가?	O	O	O	O		
스카프를 매거나 리본을 달았는가?	O		O	O	O	O
안경을 쓰지 않았는가?		O		O	O	

렌이 얘기한 조건을 모두 만족해야 하기 때문에 세 가지 조건을 AND 연산으로 처리해야 한다. 그중에서 두 번째 조건만을 따진다면 스카프를 매거나 리본을 달았냐는 OR조건으로 처리해야 한다. 세 번째 조건은 안경을 쓰지 않았다는 의미이기 때문에 NOT 조건으로 처리한다.

핵심 주제 및 참고 웹사이트

▶ 불 연산자(boolean operators)

▶ 불 대수(boolean algebra)

▶ 불 논리(boolean logic)

▶ 불 문(boolean statement)

▶ https://computersciencewiki.org/index.php/Boolean_operators

▶ https://ko.wikipedia.org/wiki/불_대수

 문제 속의 정보과학

불 문장은 참 또는 거짓을 나타내는 속성을 가지고 있다. 개별 문장들은 불 연산자 AND, OR, NOT을 사용하여 다른 문장들과 결합될 수 있다. 이때 사용되는 불 연산자는 프로그래밍에서 사용하는 연산자와 비슷한 기능을 수행한다.

• AND가 연결하는 모든 문장이 사실이라면 참이다.

• OR는 연결된 문장 중 적어도 하나 이상이 사실일 경우 참이다.

• NOT은 진술이 거짓일 때, 참이다.

그룹 Ⅰ : 02 비버의 꼬리

정답 A), E)

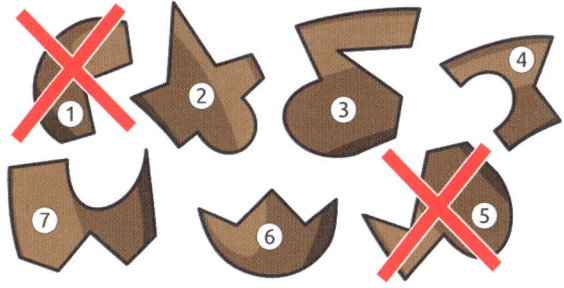

설명

꼬리 퍼즐 조각을 돌려가며 맞추더라도 A), E)는 맞출 수 없다.

이 문제에서 우리는 조각 간의 차이를 분석하고 인식하기 위해 패턴 인식을 사용한다. 또한 문제를 해결하려면 각 조각의 가장자리의 크기와 모양을 보며 꼬리 조각에 맞는지 확인해야 하는데 이것은 완전 탐색의 한 예이다.

핵심 주제 및 참고 웹사이트

▶ 완전 탐색(exhaustive search)

▶ 패턴 인식(pattern recognition)

▶ https://mathworld.wolfram.com/ExhaustiveSearch.html

▶ https://en.wikipedia.org/wiki/Brute-force_search

▶ https://en.wikipedia.org/wiki/Pattern_recognition

 문제 속의 정보과학

패턴 인식은 데이터의 패턴과 규칙성을 자동으로 인식하는 것으로 통계 데이터 분석, 신호 처리, 이미지 분석, 정보 검색, 생물 정보학, 데이터 압축, 컴퓨터 그래픽, 기계 학습에 응용할 수 있다. 정보과학에서 완전 탐색은 해결책의 가능한 모든 후보를 체계적으로 나열하고 각 후보가 문제의 조건을 만족하는지 확인하는 매우 일반적인 문제 해결 기법이다. 완전 탐색의 가장 큰 강점은 해결책이 있으면 반드시 찾아낼 수 있지만, 너무 오랜 시간이 걸릴 수 있다.

그룹 I : **03** 기찻길

 **정답** D)

 **설명**

D)를 선택하면 아래 그림과 같이 기차가 역에 도착하게 된다.

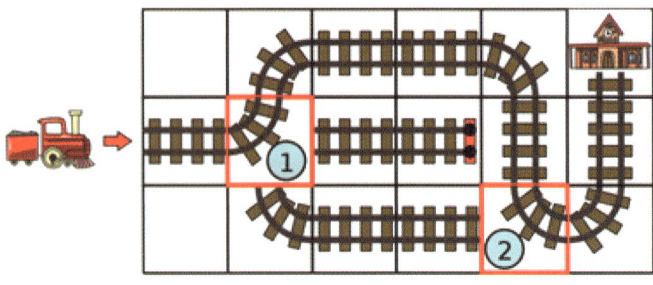

A)를 선택하면 아래 그림과 같이 기차가 역에 가지 못한다.

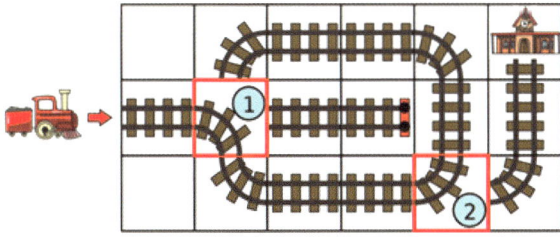

B)를 선택하면 아래 그림과 같이 기차가 역에 가지 못한다.

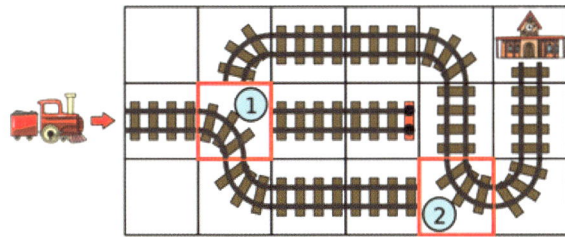

C)를 선택하면 아래 그림과 같이 기차가 역에 가지 못한다.

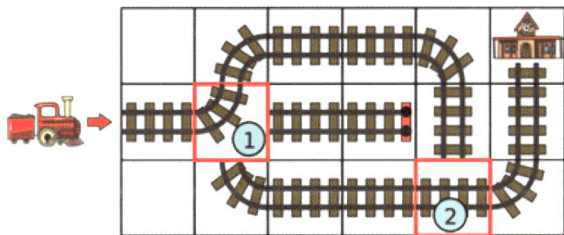

🐶 핵심 주제 및 참고 웹사이트

▶ 컴퓨터 프로그램(computer program)

▶ 명령어 집합(instruction set)

▶ 시스템(system)

▶ https://en.wikipedia.org/wiki/Algorithm

▶ https://ko.wikipedia.org/wiki/컴퓨터_프로그램

▶ https://ko.wikipedia.org/wiki/명령어_집합

 **문제 속의 정보과학**

프로그램은 '두 개의 숫자 더하기', '가장 큰 수 찾기'와 같은 문제를 해결하기 위해 컴퓨터가 무엇을 해야 하는지를 알려준다. 그러한 문제를 해결하기 위해서는 여러 단계를 따라 많은 지시사항을 수행해야 한다. 이때 지시사항이 올바르지 않다면 프로그램은 제대로 작동하지 않기 때문에 프로그래머는 정확한 방법이 무엇인지 찾아야만 한다.

그룹 I : **04** 로봇 그리기

정답 **A) 머리, 바퀴, 몸통, 팔**

설명

A)의 순서를 따르면 정답을 얻을 수 있다.

B)의 순서를 따르면 다음과 같은 그림이 된다.

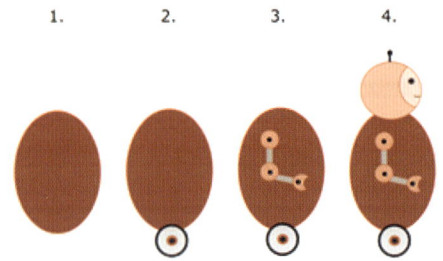

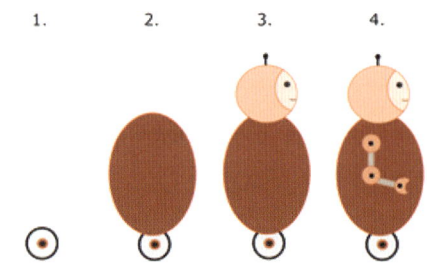

C)의 순서를 따르면 다음과 같은 그림이 된다.

D)의 순서를 따르면 다음과 같은 그림이 된다.

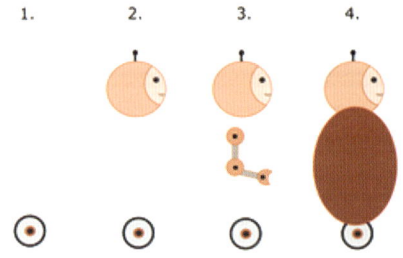

 핵심 주제 및 참고 웹사이트

▶ 레이어(layer)

▶ https://en.wikipedia.org/wiki/Layers_(digital_image_editing)

 문제 속의 정보과학

컴퓨터 그래픽에서 레이어는 전체를 이루고 있는 각각의 부분을 여러 층으로 나누어 관리하는 기능을 제공한다. 그래픽 작업의 각 요소를 레이어에 나누어 그림으로써 그림을 간단히 배경에 덧씌우거나, 따로따로 쉽게 수정할 수 있다. 이것은 마치 하나의 이미지를 셀로판지 여러 장을 이용해 나누어 그리는 것과 비슷하다.

그룹 Ⅰ : **05** 발자국

정답 D)

설명

동물 인형 앞의 발자국은 큰 삼각형 안에 타원과 세 개의 작은 원으로 이루어져 있다. 이와 같은 발자국을 가진 인형은 토끼 인형뿐이다.

여기서 우리는 발을 제외한 다른 요소들을 모두 무시할 수 있다. 이 과정을 정보과학에서 추상화라고 부르며, 이는 컴퓨팅 사고에서 매우 중요한 부분이다. 추상화의 한 측면은 주어진 문제를 해결하는 데 필요한 정보를 선택하는 것이다. 여기서는 문제를 해결하기 위한 조건이 발 모양이라는 것을 찾아내고, 발 모양 이외의 요소를 제거하는 것이다. 발자국이 주어진 동물의 발과 일치하는지 확인하는 것은 이미지를 비교하는 패턴 인식이라고 할 수 있다.

 핵심 주제 및 참고 웹사이트

▶ 인식(perception)

▶ 추상화(abstraction)

▶ 분류(classification)

▶ https://en.wikipedia.org/wiki/Layers_(digital_image_editing)

▶ https://ko.wikipedia.org/wiki/추상화_(컴퓨터_과학)

 문제 속의 정보과학

프로그래머들은 문제를 해결하기 위해서 필요한 정보와 그렇지 않은 정보를 구분해내는 추상화에 집중한다. 이것은 문제를 해결하는 모델을 만들어내는 과정의 일부로서, 컴퓨터에게 어떤 명령들을 내려야 하는지 결정하기 위해 반드시 필요한 과정이다. 사람에게는 이미지에서 특정한 물체가 있는지를 판별하는 것이 어렵지 않지만, 컴퓨터에게는 다소 어려운 작업이다. 그렇기 때문에 컴퓨터가 처리해야 하는 정보를 찾아내는 것은 매우 중요하다.

그룹 Ⅰ : 06 파티 암호

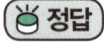 D)

 설명

각 막대는 암호 메시지를 0과 1로 간단하게 나타낸다. 막대의 맨 앞에 숫자가 0이면 흰색, 1이면 파란색을 나타내고 뒤에 오는 숫자들은 흰색과 파란색이 번갈아 가며 나타나는 사각형 개수를 의미한다.

1110010011101001 을 나타내기 위해 첫 번째 숫자는 1이며, 파란색으로 시작한다.

파란색이 3개이므로 숫자 3이 나오고, 이어서 흰색이 2개이므로 숫자 2가 나온다. 이와 같이 색깔을 번갈아 가면서 개수를 세면 다음과 같이 막대에 나오는 숫자가 차례대로 **1:321231111** 과 같이 결정된다.

첫 번째 숫자	파란색 3개	흰색 2개	파란색 1개	흰색 2개	파란색 3개	흰색 1개	파란색 1개	흰색 1개	파란색 1개
1:	3	2	1	2	3	1	1	1	1

동일한 방식으로 0010110000101010 의 첫 번째 숫자는 0이며, 흰색으로 시작한다. 흰색이 2개이므로 숫자 2가 나오고, 이어서 파란색이 1개이므로 숫자 1이 나온다. 이와 같이 색깔을 번갈아 가면서 개수를 세면 다음과 같이 막대에 나오는 숫자가 차례대로 **0:2112411111** 과 같이 결정된다.

첫 번째 숫자	흰색 2개	파란색 1개	흰색 1개	파란색 2개	흰색 4개	파란색 1개	흰색 1개	파란색 1개	흰색 1개	파란색 1개
0:	2	1	1	2	4	1	1	1	1	1

남은 3개의 막대도 동일한 방식으로 문제의 숫자열과 같은 것을 찾아 차례대로 나열하면 각각 **1:3213123** , **0:21212151** , **1:3131331** 과 같이 결정된다.

핵심 주제 및 참고 웹사이트

▶ 런 렝스 부호화(run–length encoding)

▶ 알고리즘(algorithm)

▶ 암호학(cryptography)

▶ https://ko.wikipedia.org/wiki/런_렝스_부호화

▶ https://ko.wikipedia.org/wiki/알고리즘

▶ https://ko.wikipedia.org/wiki/암호학

문제 속의 정보과학

이 문제는 몇 가지 데이터를 바꾸는 개념을 다루고 있다.

- 먼저 암호가 이미지로 표시된다.
- 그러면 이미지가 비트맵으로 부호화된다.
- 마지막으로 비트맵은 런 렝스 부호화를 사용하여 비밀 메시지로 바뀐다.

정보를 표현하는 여러 가지 방법이 있고 데이터 처리에서 상황에 따라 다른 표현으로 바꾸어야 하는 경우가 많다.

그룹 Ⅰ : **07 생물 관찰 일지**

🟢 **정답**

C)

🔍 **설명**

첫 번째 나무에는 잎이 9장으로 가장 많기 때문에 애벌레는 첫 번째 나무에 있다.

세 번째 나무에는 흰색에 검정색 무늬가 있기 때문에 무당벌레는 세 번째 나무에 있다.

두 번째 나무에는 잎이 5장, 네 번째 나무에는 잎이 1장이 있다. 나비는 달팽이가 있는 나무보다 잎이 많은 나무에 있다고 했기 때문에 나비는 두 번째 나무에 있다.

마지막으로 달팽이는 네 번째 나무에 있다.

🔍 **핵심 주제 및 참고 웹사이트**

▶ 논리학(logic)

▶ https://ko.wikipedia.org/wiki/논리학

 문제 속의 정보과학

이 문제는 몇 개의 문장을 보고 각 문장이 사실이 되도록 생물의 위치를 결정하는 논리 문제이다. 논리학은 어떤 사실을 연구하고 그것이 사실인지를 확인하는 학문 분야이다.

그룹 Ⅰ : 08 사탕 나눠주기

 A) 아담 – 　　데이비드 – 　　벨라 – 　　샤롯 –

 **설명**

샤롯은 빨간 사탕을 원하고 데이비드는 별모양 사탕을 원한다. 그런데 빨간 사탕도 별모양 사탕도 각각 한 개뿐이므로 모든 비버가 만족하도록 하려면 샤롯에게는 빨간 사탕을, 데이비드에게는 별모양 사탕을 주어야 한다.

벨라는 네모 또는 세모 사탕을 원한다. 하지만 세모 사탕은 빨간 사탕이라 이미 샤롯에게 주었으니 벨라에게는 네모 사탕을 주어야 한다. 이제 남은 사탕은 파란 사탕 하나뿐인데 다행히도 아담은 빨간 사탕만 아니면 괜찮다고 했으므로, 아담에게 파란 사탕을 주면 모든 비버가 원하는 대로 사탕을 나누어 줄 수 있다.

 핵심 주제 및 참고 웹사이트

▶ 제약 충족 문제(constraint satisfaction problem)

▶ https://ko.wikipedia.org/wiki/제약_충족_문제

 문제 속의 정보과학

이 문제는 정보과학자들이 '제약 충족 문제'라고 부르는 예이다. 4개의 명령문을 통해 4개의 변수인 사탕을 나눠주는 것이다. '제약 충족 문제'는 각 변수(사탕)가 전부는 아니더라도 최대한 많은 명령문을 만족하도록 하는 것이다.

일반적으로 변수를 신중하게 선택하지 않으면 명령문이 서로 충돌할 수 있다. 이러한 충돌은 '제약 충족 문제'를 해결하기 어렵게 만들 수 있다.

그룹Ⅱ : 초등학교 3~4학년용

그룹Ⅱ : **01** 비버 미용실

 **정답** C) 주리

 설명

비버 미용실에 있는 4명의 미용사(이리나, 아자니, 주리, 피아)는 각각 다른 비버 손님들에 대해 동시에 일을 시작한다. 이리나와 피아는 모두 이빨 가는 일을 시작하고 8분 뒤에 마친다. 아자니의 꼬리 광택은 15분 뒤에 마친다. 잔털을 정리하는 주리는 5분 뒤에 일을 끝낸다. 따라서 주리가 제일 먼저 일을 끝내기 때문에 오비의 꼬리 광택을 담당하게 된다.

핵심 주제 및 참고 웹사이트

▶ 프로세서(processor)

▶ 작업(task)

▶ 다중작업(multitasking)

▶ 병렬처리(parallelism)

▶ 스케줄링(scheduling)

▶ https://ko.wikipedia.org/wiki/다중작업

▶ https://ko.wikipedia.org/wiki/병렬컴퓨팅

▶ https://ko.wikipedia.org/wiki/스케줄링

 문제 속의 정보과학

컴퓨터에는 동시에 작동하는 여러 개의 프로세서가 있다. 많은 작업이 동시에 처리되는 이런 상황을 "컴퓨터가 다중작업 중이다"라고 한다. 컴퓨터의 여러 프로세서 중 하나가 작업을 끝내면, 그 프로세서는 새로운 작업을 할당받아 수행한다. 컴퓨터가 처리해야 할 여러 작업을 어느 프로세서에 할당할지를 결정하는 방법을 스케줄링이라고 부르며, 그 방법은 매우 다양하다.

그룹 II : 02   테디 베어 사진 찍기

 C) 🐻

 설명

다음 그림과 같이 4개의 곰 인형을 만날 수 있는 유일한 길은 빨간색 길이다.

 핵심 주제 및 참고 웹사이트

▶ 지도(map)

▶ 조건(condition)

▶ 그래프(graph)

▶ https://ko.wikipedia.org/wiki/지도

▶ https://ko.wikipedia.org/wiki/조건

▶ https://ko.wikipedia.org/wiki/그래프

🐶 문제 속의 정보과학

경로를 찾는 문제는 정보과학에서 매우 많이 활용되는 문제이다. 경로를 찾기 위해 고려해야 할 정보가 단순히 노드(위 그림에서 집에 해당)와 간선만으로 이루어졌을 수도 있고, 간선의 방향, 간선의 수 등 다양한 사항을 추가적으로 고려해야 하는 경우도 있다. 간선과 노드의 수가 늘어나거나 다른 고려 조건들이 추가되는 경우 경로를 찾는 문제의 어려움은 급격하게 늘어난다.

 정답 C)

설명

A), B), D)의 화살표가 해당 칸에 있으면 벤은 결승점에 도착할 수 없다(멈추지 못한 채 앞뒤로 계속 뛰게 된다).

핵심 주제 및 참고 웹사이트

▶ 알고리즘(algorithm)

▶ 반복(loops, repetition)

▶ https://ko.wikipedia.org/wiki/알고리즘

▶ https://ko.wikipedia.org/wiki/제어_흐름

문제 속의 정보과학

알고리즘은 문제를 해결하기 위해 제시된 명령어의 순서이거나 작업을 완수하기 위한 규칙들의 모음이다. 알고리즘은 자연어, 의사코드, 순서도, 프로그래밍 언어 등 여러 가지 방법으로 표현할 수 있다. 또한 알고리즘은 순차, 선택, 반복 등 세 가지 기본적인 제어 구조를 활용한다. 반복문을 사용할 때에는 이를 빠져나갈 수 있는 명확한 탈출 조건을 제시해야 한다.

그룹Ⅱ : **04 비밀번호 규칙**

 정답 ㄴ2ㅎ2ㅅ4ㅈ5ㅂ3

 **설명**

비버는 비밀번호를 만들기 위해 특별한 방법을 사용했다. 그 방법은 각각의 단어 첫 글자의 초성(자음)을 쓰고, 그 단어의 글자 수를 적는 것이다. 이 문제의 비밀번호는 다음과 같이 만들어진다.

나는 → ㄴ2
빌헬름 → ㅂ3
요리사가 → ㅇ4
만든 → ㅁ2
굴라쉬를 → ㄱ4
좋아한다 → ㅈ4

이러한 방법으로 새로운 문장에 대한 비밀번호를 만드는 방법은 다음과 같다.

나는 → ㄴ2
한나 → ㅎ2
선생님께 → ㅅ4
정보과학을 → ㅈ5
배운다 → ㅂ3

따라서 새로운 문장의 비밀번호는 'ㄴ2ㅎ2ㅅ4ㅈ5ㅂ3'이다.

 핵심 주제 및 참고 웹사이트

▶ 비밀번호(password)
▶ https://ko.wikipedia.org/wiki/비밀번호

 문제 속의 정보과학

컴퓨터에 입력된 정보를 보호하기 위한 일반적인 방법은 비밀번호를 사용하는 것이다. 비밀번호를 어딘가에 적어놓는다면 누군가가 볼 수 있기 때문에 기억하기 쉬운 비밀번호를 만들어서 기억해야 한다. 또한 다른 사람들이 쉽게 추측해낼 수 있는 비밀번호를 만드는 것도 위험하다. 따라서 비밀번호를 만들 때에는 쉽게 알아낼 수 있지 못하게 하거나, 만든 사람의 개인 정보와 관련되지 않도록 해야 한다.

그룹 II : 05 의류 분류하기

 정답 B) 단추가 있나?

 설명

정답은 "B) 단추가 있나?"이다.

"A) 소매가 긴가?"를 선택했다면, 중간 서랍에 반바지가 없을 것이다.

"C) 지퍼가 있나?"를 선택했다면, 중간 서랍에 셔츠가 없을 것이다.

"D) 주머니가 있나?"를 선택했다면, 중간 서랍에 드레스가 없을 것이다.

따라서 질문 "B) 단추가 있나?"가 정답이다. 이것은 가운데 서랍과 맨 오른쪽 서랍의 의류들을 비교하여 확인할 수 있다. 가운데 서랍의 의류들은 모두 단추가 있고, 맨 오른쪽 서랍의 의류들은 모두 단추가 없다.

 핵심 주제 및 참고 웹사이트

▶ 순서도(flowchart)

▶ 의사결정트리(decision tree)

▶ 순차, 선택, 반복(sequence, selection, repetition)

▶ https://ko.wikipedia.org/wiki/순서도

▶ https://ko.wikipedia.org/wiki/결정트리

▶ https://ko.wikipedia.org/wiki/알고리즘

 문제 속의 정보과학

순서도는 흔히 코드 작성을 계획하는 단계에서 사용된다. 순서도는 '순차, 선택, 반복'구조를 이용하여 문제 해결의 단계를 표현한다. '순차'는 둥근 사각형 모양으로, '선택(또는 결정)'은 다이아몬드 모양으로 표현하고, '반복'은 순서도의 이전 단계로 돌아가는 화살표로 표현한다. 순서도의 화살표를 따라 흐름을 이어가는 과정에서 어떤 질문들에 답을 함으로써 특정한 결과로 이어질 수 있다. 이와 같은 형태의 순서도를 의사결정트리라고 부르며, 의사결정트리는 답을 찾아가는 과정을 간단하게 나타낼 수 있기 때문에 다양한 분야에 적용될 수 있다.

그룹 II : 06 보물섬

🏺 **정답**   C) 섬④

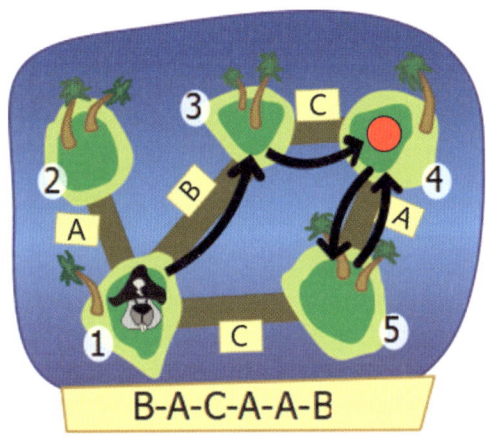

🐶 설명

피에르는 섬①에서 시작하여 비밀코드 B–A–C–A–A–B를 따라 아래와 같은 순서로 이동하여 마지막에 섬④에 도착하게 되는데, 이 섬이 곧 보물이 숨겨저 있는 섬이다.

B: 섬①에서 다리 B를 건너 섬③으로 이동한다.

A: 섬③에는 다리 A가 없기 때문에 섬③에 머문다.

C: 섬③에서 다리 C를 건너 섬④로 이동한다.

A: 섬④에서 다리 A를 건너 섬⑤로 이동한다.

A: 섬⑤에서 다리 A를 건너 섬④로 이동한다.

B: 섬④에는 다리 B가 없기 때문에 섬④에 머문다.

🐶 핵심 주제 및 참고 웹사이트

▶ 추상기계(abstract machine)

▶ 오토마타 이론(automata theory)

▶ https://ko.wikipedia.org/wiki/추상_기계

▶ https://ko.wikipedia.org/wiki/오토마타_이론

문제 속의 정보과학

이 문제는 지도를 통해 경로를 찾는 것이다. 이 과정은 일반적으로 컴퓨터에 의해 처리되는데, 예를 들어 모든 내비게이션 장치(컴퓨터)는 지도를 저장하여 두 끝점 사이의 경로를 계산하여 안내한다. 이 계산 과정에서 지도는 이미지로 저장되지 않고 대신 '그래프'라고 하는 구조로 저장되어 위치와 위치 간의 연결을 쉽게 계산할 수 있다.

정보과학자는 내비게이션 장치(컴퓨터)에 지도를 저장한 뒤 다양한 종류의 지도를 통해 자신의 길을 찾을 수 있는 프로그램을 작성해야 한다. 이 프로그램은 가장 빠른 경로, 최단 경로, 최소 비용(무료 도로) 등을 찾는 알고리즘을 포함한다. 이러한 프로그램은 경로를 계산하는 능력이 있는 추상 기계로서 오토마타(automata), 즉 '자동 기계'라고 부른다.

그룹 II : 07 기차표 예매하기

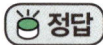 **정답**   A) i와 j

 설명

예약 가능한 좌석 중에서 알렉스와 밥이 서로 옆에 앉을 수 있는 좌석은 c와 d, e와 f, i와 j 세 가지 경우이다. 알렉스는 앞보기 좌석을 원하고, 밥은 스낵 코너에 가깝게 앉길 원한다. 위의 3가지 경우 중에서 두 사람이 원하는 조건에 가장 가까운 좌석은 i와 j이다.

핵심 주제 및 참고 웹사이트

▶ 요구사항 분석(requirements analysis)

▶ 조건문(conditional)

▶ 검색 알고리즘(search algorithm)

▶ https://ko.wikipedia.org/wiki/요구사항_분석

▶ https://ko.wikipedia.org/wiki/조건문

▶ https://ko.wikipedia.org/wiki/검색_알고리즘

 문제 속의 정보과학

소프트웨어를 만들 때 사용자가 원하는 기능은 수집하고 분석한다. 이를 사용자 요구사항 분석이라고 한다. 이러한 요구사항 분석은 소프트웨어를 개발하기 위한 규칙, 기준 또는 조건으로 사용된다.

이 문제는 조건이 주어졌을 때 조건을 만족하느냐에 따라 다른 작업을 선택하고 실행하는 조건문의 구조를 다룬다. 이 조건문 구조는 모든 프로그래밍 언어에서 사용된다.

그룹 II : 08 별모양 달모양 팔찌

 **정답** C)

 설명

아래의 그림은 세 가지 모양의 팔찌를 세 쌍의 별-달 모양 묶음과 한 쌍의 별-별 모양 묶음으로 분리하는 방법을 보여준다.

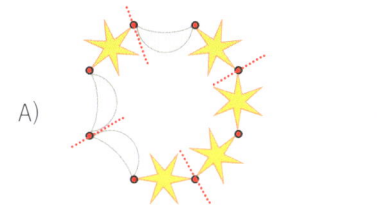

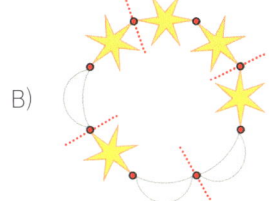

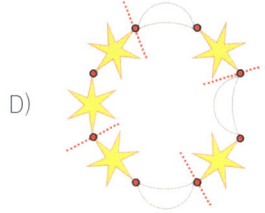

'단계1)'에 따르면, 팔찌의 모든 달 모양 옆에는 항상 별 모양이 있어야 하므로, 달 모양이 3개가 연속으로 붙어 있을 수가 없다. 하지만 C) 팔찌는 달 모양 3개가 붙어 있다.

 핵심 주제 및 참고 웹사이트

▶ 컴퓨터 프로그램(computer program)

▶ 반복(loops)

▶ 명령어(instructions)

▶ https://ko.wikipedia.org/wiki/컴퓨터_프로그램

▶ https://ko.wikipedia.org/wiki/제어_흐름

▶ https://ko.wikipedia.org/wiki/명령어

 문제 속의 정보과학

프로그래머가 컴퓨터에 명령을 내릴 때, 컴퓨터가 수행해야 하는 것들을 명확하게 나타내는 것은 매우 중요하다. 그렇지 않으면 원하는 결과를 얻지 못할 수도 있기 때문이다. 하지만 모든 명령을 항상 자세하게 작성한다면 너무 길고 지루한 프로그램이 될 수 있다. 만약에 어떤 행동에 대한 명령이 계속해서 반복된다면, 이를 모두 나열하는 대신에 여러 번 반복하라고 설명하는 것이 가능하다.

그룹 II : **09** 스프링클러

 D) 다, 자

 설명

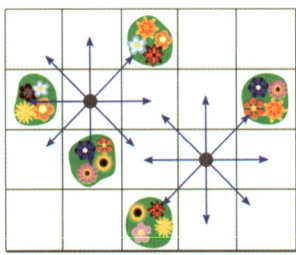 

하나의 스프링클러만으로 모든 화단에 물을 주는 것은 불가능하다.

먼저 ㉐에 설치하여 이웃한 3개의 화단에 물을 주고, 추가로 ㉒에 설치하여 이웃한 2개의 화단에 물을 주면 모든 화단에 물을 줄 수 있다. 따라서 모든 화단에 물을 주기 위해 필요한 최소한의 스프링클러는 ㉐와 ㉒ 두 곳에 설치하면 된다.

만일 3개의 스프링클러를 설치한다면 스프링클러의 위치는 ㉯㉙㉒, ㉐㉣㉕와 같이 다양한 위치에 설치할 수 있다.

 핵심 주제 및 참고 웹사이트

▶ 최적화 문제(optimization problem)

▶ https://ko.wikipedia.org/wiki/최적화_문제

 문제 속의 정보과학

정보과학에서 우리는 종종 문제에 대한 최선의 해결책을 찾아야 한다. 이러한 최적화 문제란 여러 가지 해결책들을 비교하는 방법을 결정하고 그 중 가장 좋은 해결책을 찾는 것을 의미한다.

이 문제에서는 모든 화단에 물을 주어야 하고, 뿐만 아니라 물을 낭비하지 않기 위해 가능한 한 최소한의 스프링클러를 사용하여 물을 줄 것을 요구하고 있다. 빈 사각형들에 스프링클러를 설치하는 경우를 하나씩 확인하다 보면, 답을 쉽게 찾을 수 있다. 하지만 정원의 크기가 커지거나 화단의 수를 늘릴 경우, 또 여러 조건을 추가하면 최선의 해결책을 찾기가 더 어려워질 것이다.

정보과학은 복잡한 의사결정 상황에서 최선의 해결책을 찾아내는 연구에 큰 도움을 준다. 사람들의 필요를 충족시키기 위해 지역의 보건소, 소방서 등의 수와 위치를 결정해야 하는 문제 등이 여기에 해당한다.

그룹 II : **10** 좋아하는 동물

 **정답**   B)

 **설명**

각자가 좋아하는 동물을 구분하기 위해 분류한 결과는 다음과 같다.

• 메리(Mary)만 좋아하는 동물: 여우, 코끼리, 펭귄, 오리

• 킴(Kim)만 좋아하는 동물: 얼룩말, 악어, 원숭이, 사자, 거북이

• 둘 다 좋아하는 동물: 고양이, 곰

이렇게 구분한 동물들을 문제에 제시된 대로 메리가 좋아하는 동물을 분홍색 원에, 킴이 좋아하는 동물을 파란색 원에, 그리고 둘 다 좋아하는 동물은 두 원에 모두 들어갈 수 있도록 가운데 겹치는 부분에 넣은 결과는 B)가 된다.

핵심 주제 및 참고 웹사이트

▶ 벤 다이어그램(Venn—diagram)

▶ 정보 표시

▶ 그리고(AND) / 또는(OR)

▶ https://ko.wikipedia.org/wiki/벤_다이어그램

문제 속의 정보과학

사람들은 컴퓨터에 정보를 저장할 때 많은 공간을 차지하지 않도록 효율적인 방법으로 저장하려고 한다. 벤 다이어그램(Venn—diagram)은 공간을 절약하고 예쁘게 보이기 때문에 유용할 뿐만 아니라, 여러 데이터들을 한 눈에 알아보기 쉽게 분류하여 표현할 수 있다.

그룹Ⅲ: 01 물물교환하기

 **정답**   A) D → G → E

🐶 설명

한스는 D가게에 가서 당근🥕을 아이스크림🍦과 교환한 다음, G가게에 가서 아이스크림🍦을 반지💍와 교환하고 마지막으로 E가게에 가서 반지💍를 전나무🌲와 교환한다.

한스가 가지고 있는 물건을 원하는 물건으로 교환하기 위해 어떤 가게를 차례대로 가야할지 정하는 데에는 두 가지 방법이 있다. 첫 번째 방법은 당근🥕을 교환할 수 있는 가게 A, D, E, G, H 다섯 군데를 가서 물고기🐟, 케이크🧁, 아이스크림🍦, 동전🪙, 나뭇잎🍁 다섯 가지 물건으로 교환할 수 있다. 그 다음에는 각각의 교환한 물건에 대하여 방문할 가게와 교환할 수 있는 물건들을 나열하는 과정을 반복하여 원하는 물건을 교환할 때까지 계속 진행한다. 이때 이미 전에 교환했던 물건을 나중에 다시 같은 물건으로 교환하는 과정은 끝없이 반복될 수 있으므로 주의하여야 한다.

두 번째 방법은 최종적으로 원하는 물건을 교환할 수 있는 가게부터 거꾸로 찾아보는 것이다. 전나무🌲를 교환할 수 있는 가게는 E 한 곳뿐이고, 교환하려면 반지💍가 필요하다. 반지💍를 교환할 수 있는 가게는 G 한 곳뿐이고, 교환하려면 아이스크림🍦이 필요하다. 아이스크림🍦을 교환할 수 있는 가게는 B, D 두 곳인데, D에서만 한스가 가지고 있는 당근🥕으로 교환할 수 있다.

이 문제에서 교환 가능한 모든 경우의 수를 한눈에 보려면 아래와 같이 그래프 형태로 그려보는 것도 좋은 방법이다. 그림에서 당근🥕 → 아이스크림🍦 → 반지💍 → 전나무🌲로 가는 경로를 찾으면 방문해야 할 가게는 경로를 따라 D, G, E라는 것을 쉽게 알 수 있다.

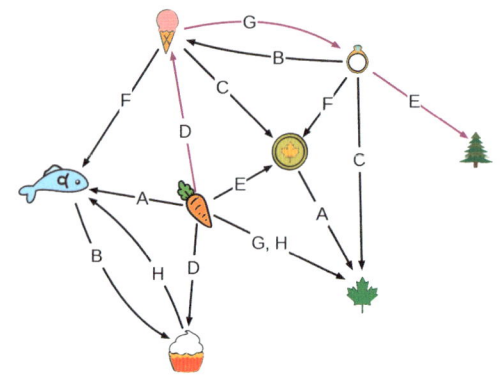

 핵심 주제 및 참고 웹사이트

▶ 그래프(자료 구조)

▶ https://ko.wikipedia.org/wiki/그래프_(자료_구조)

 문제 속의 정보과학

문제에서 설명한 내용과 조건을 한눈에 파악하기 위해 그래프 형태로 그려볼 수 있다. 정보과학에서는 화살표가 있는 그래프는 유한 상태 기계라고 할 수 있으며, 이는 가상의 기계가 어떤 조건에서 어떻게 작동하는지 나타내기 위해 사용된다. 주어진 문제를 그래프 형태로 바꾸어 생각하면, 기존에 알려진 다양한 그래프 알고리즘을 문제해결에 적용해볼 수 있는 장점이 있다.

그룹Ⅲ : 02 버섯 고르기

 정답   D)

 설명

각 버섯의 모양에 따른 점수를 바탕으로 희귀한 버섯을 판단한 결과는 다음과 같다.

	대-턱받이	갓-뿔	갓-점무늬	갓-줄무늬	점수 합계	판단 결과
	1점	2점	–	–	3점	보통
	–	–	3점	–	3점	보통
	–	–	–	5점	5점	희귀함
	1점	–	3점	–	4점	희귀함
	–	2점	3점	–	5점	희귀함

핵심 주제 및 참고 웹사이트

▶ 통계적 분류(statistical classification)

▶ https://ko.wikipedia.org/wiki/통계적 분류

문제 속의 정보과학

버섯의 모양을 보고 특징을 찾아 점수를 매기고, 최종 점수를 구해 희귀한 버섯을 분류하는 작업을 사람이 직접 처리하려면 시간도 많이 걸리고 종종 실수가 발생할 수도 있다. 이와 같은 분류작업은 각종 센서와 이미지 분석을 통해 자동화할 수 있으며, 컴퓨터 프로그램을 사용하여 많은 물건을 훨씬 빠르고 정확하게 분류할 수 있다.

그룹III : 03 캥거루 점프

 정답   B) 14번

 설명

캥거루가 집에 갈 수 있는 가장 빠른 경로는 아래와 같으며, 점프 횟수는 총 14번이다.

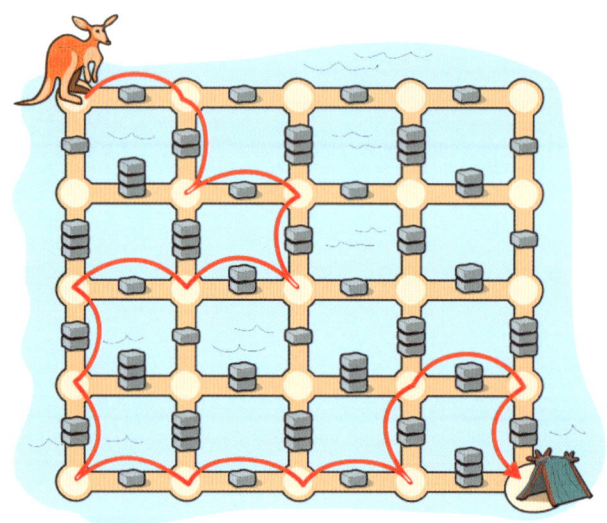

 핵심 주제 및 참고 웹사이트

▶ 퇴각검색(backtracking)

▶ https://ko.wikipedia.org/wiki/퇴각검색

 문제 속의 정보과학

주어진 문제를 해결하기 위해 출발 지점에서 도착 지점으로 가는 경로를 찾기 위해 점프 횟수를 하나씩 늘려가면서 단계적으로 이동하다가 더 이상 갈 수 없는 상황이 발생하면, 이전 단계로 돌아가 시도하지 않았던 다른 경로를 찾아본다. 이러한 접근 방법을 정보과학에서는 퇴각검색(backtracking)이라 하고, 다양한 문제해결을 위한 알고리즘에 많이 사용되고 있다.

그룹Ⅲ: 04 통나무 구조물

 정답) A) SLRRLLR

 설명

오두막에서 출발할 때부터 갈림길을 만날 때마다 비버가 가는 방향을 기준으로 왼쪽과 오른쪽을 구분하여 어느 쪽인지 선택하여야 한다. 오두막에서 비버가 앉아 있는 곳까지 가는 길을 그림에 나타낸 결과는 다음과 같다.

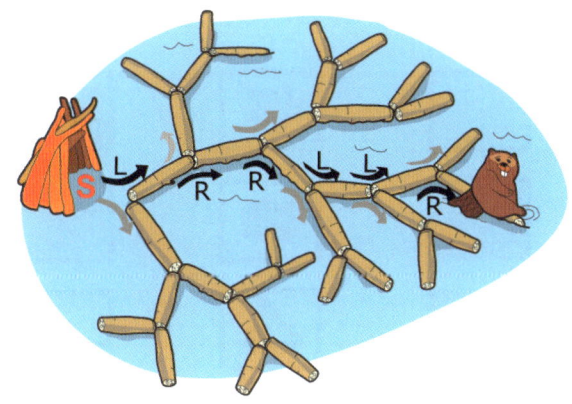

 핵심 주제 및 참고 웹사이트

▶ 이진 트리(binary tree)

▶ https://ko.wikipedia.org/wiki/이진 트리

 문제 속의 정보과학

우리가 어떻게 보여주고 설명할 것인지에 따라 데이터는 매우 다양한 형태로 표현될 수 있다. 정보과학에서는 각각의 노드가 왼쪽과 오른쪽에 최대 두 개의 자식 노드를 가지는 트리 자료 구조를 이진 트리라고 한다. 이진 트리는 이 문제에서 L과 R을 사용한 것처럼 비교적 짧은 길이의 문자열로 서로 다른 많은 경로를 구분하여 나타낼 수 있다.

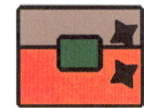 B)

 **설명**

보기에서 주어진 각 카드별로 원하는 모양에 대한 선택을 살펴보면 다음과 같다.

		1번 선택		2번 선택		3번 선택		4번 선택
A)		A		A		B		A
B)		B		B		A		B
C)		B		C		B		C
D)		C		B		C		A

 핵심 주제 및 참고 웹사이트

▶ 데이터 시각화(data visualization)

▶ https://ko.wikipedia.org/wiki/데이터 시각화

문제 속의 정보과학

데이터 시각화는 정보와 데이터를 그래픽으로 표현한 것이다. 데이터 시각화 도구는 차트, 그래프 및 지도와 같은 시각적 요소를 사용하여, 사람들이 데이터의 규칙적인 패턴이나 변화 특징, 비정상적인 특이점을 쉽게 찾아보고 이해는 데에 도움이 된다. 빅 데이터의 세계에서 데이터 시각화 도구와 기술은 방대한 양의 데이터를 분석하고 의사 결정을 내리는 데에 꼭 필요한 것이다.

그룹Ⅲ : **06** 연극 공연

 정답   B) 왕과 용이 무대에 함께 있었다.

설명

보기에 주어진 문장이 사실인지 아닌지 살펴본 결과는 다음과 같다.

A) '왕자와 공주가 무대에 함께 있었다.'는 말은 사실이다. 휴식이 끝난 뒤 2부에서 왕자가 무대에 올라가고 용이 무대에서 내려간 다음 공주가 무대에 올라갔다.

B) '왕과 용이 무대에 함께 있었다.'는 말은 사실이 아니다. 1부에서 용이 무대에 오르기 직전에 왕이 무대를 내려갔기 때문이다.

C) '휴식 시간이 끝난 후에 왕자가 무대에 올라갔다.'는 말은 사실이다. 2부에서 실제로 왕자가 무대에 올라가기 때문이다.

D) '왕자와 용이 무대에 함께 있었다.'는 말은 사실이다. 2부가 시작하자마자 용이 무대에 올라온 다음 곧바로 왕자도 무대에 올라갔기 때문이다.

핵심 주제 및 참고 웹사이트

▶ 데이터 시각화(data visualization)

▶ https://ko.wikipedia.org/wiki/데이터 시각화

문제 속의 정보과학

데이터 시각화는 데이터 분석 결과를 쉽게 이해할 수 있도록 시각적으로 표현하고 전달되는 과정을 말한다. 시간 흐름에 따라 발생하는 사건들의 진행과정을 그래픽으로 표현하면, 사건들과 관련된 정보 혹은 데이터의 변화를 빠르고 정확하게 확인하고 직관적으로 이해하는 데에 도움이 된다.

그룹Ⅲ : 07 우표 수집

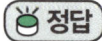 정답 C)

 설명

문제에서 주어진 우표들의 정렬 방법을 살펴보면 각 행과 열이 갖고 있는 규칙을 발견할 수 있다. 첫째, 같은 행에 있는 우표들은 도형의 크기가 모두 같으며, 왼쪽부터 오른쪽 방향으로 도형의 개수가 1개씩 늘어난다. 둘째, 같은 열에 있는 우표들은 우표 안에 있는 도형의 개수가 모두 같으며, 도형의 크기가 위에서 아래 방향으로 점점 작아진다. 이러한 규칙에 따라 조가 떨어트린 4장의 우표를 배치한 결과는 아래 그림과 같다.

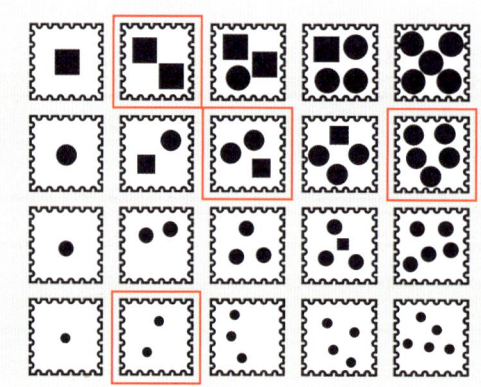

 핵심 주제 및 참고 웹사이트

▶ 정렬(sorting)

▶ https://ko.wikipedia.org/wiki/정렬

 문제 속의 정보과학

대량으로 수집된 데이터는 가능한 한 빨리 처리하는 데 도움이 되도록 관리하는 것이 필요하다. 그 중에서 가장 대표적인 관리방법이 어떤 기준에 따라 순서대로 정렬하는 것이다. 이 문제에서는 우표 안에 있는 도형의 특징, 즉 크기와 개수에 따라 순서대로 정렬하는 규칙을 발견하면, 조가 떨어트린 우표들이

어느 빈칸에 놓여야 하는지 위치를 결정할 수 있다. 한편 도형의 개수가 점점 커지는(증가하는) 순서를 '오름차순'이라 하고, 도형의 크기가 점점 작아지는(감소하는) 순서를 '내림차순'이라 한다.

그룹Ⅲ : 08 충돌 금지

 B) 6개

 **설명**

처음에 로봇이 위를 바라보고 있을 때 프로그램을 실행하면 로봇이 이동하는 경로는 아래 왼쪽 그림과 같다. 로봇의 시작 위치가 될 수 있는 타일은 이러한 이동 경로가 4가지 방향에서 모두 가능해야 하며, 정답은 아래 오른쪽 그림에 표시된 중앙에 있는 6개의 타일이다.

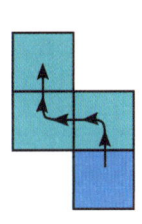 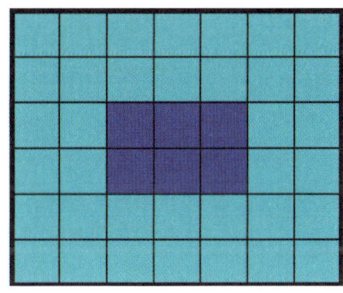

 핵심 주제 및 참고 웹사이트

▶ 소프트웨어 테스트(software test)

▶ https://ko.wikipedia.org/wiki/소프트웨어_테스트

문제 속의 정보과학

소프트웨어를 개발할 때 프로그래머는 프로그램을 실행하는 동안 컴퓨터나 로봇의 잘못된 동작으로 인해 오류가 발생할 수 있는 상황을 고려해야 한다. 따라서 프로그램을 실행하기 전에 안전성을 확보하기 위해서 소프트웨어를 테스트하는 것은 매우 중요하다.

정답 C)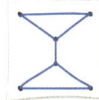

 설명

문제에서 제시한 예와 같이 연필을 종이에서 떼지 않고 정답 그림을 한 번에 그릴 수 있는 방법 중의 하나는 다음과 같다. 그림을 그리기 시작한 점과 끝나는 점을 자세히 살펴보면 연결된 선분의 개수는 각각 3개씩 홀수인 것을 알 수 있다. 이 두 점을 제외한 나머지 모든 점에 연결된 선분의 개수는 각각 2개씩 모두 짝수이다.

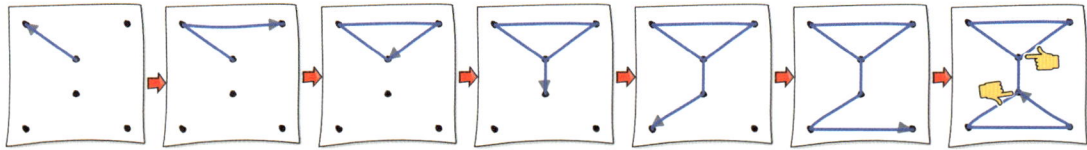

연필을 종이에서 떼지 않고 그림을 한 번에 그리는 것을 한붓그리기라 하고, 그리려는 그림에서 연결된 선분의 개수가 홀수인 점이 없거나 아니면 2개만 있는 경우에만 한붓그리기가 가능하다는 것이 알려져 있다.

보기에서 연결된 선분의 개수가 홀수인 점을 세어보면 A), B), C)의 경우에 각각 4개, 4개, 2개이므로, A)와 B)는 한붓그리기가 불가능하다. 한편 D)의 경우에는 사각형 그림 안에 있는 삼각형 그림이 서로 연결되어 있지 않기 때문에 연결된 선분의 개수와 상관없이 한붓그리기가 불가능하다.

 핵심 주제 및 참고 웹사이트

▶ 한붓그리기(Eulerian path)
▶ https://ko.wikipedia.org/wiki/한붓그리기

문제 속의 정보과학

정보과학에서 그래프를 구성하는 점과 선분은 각각 개체와 개체 간의 관계를 나타내는 방법이다. 한붓그리기(Eulerian path)란 그래프의 모든 선분을 한 번씩만 지나가는 경로를 말한다.

그룹Ⅲ: 10 전통 자수

 정답 B)

> 1.1.1.1.1.1.1
> 2.3.2

 설명

문제에서 주어진 '설명' 내용에 따라 아래에서 위로, 왼쪽에서 오른쪽으로 패턴을 살펴보아야 한다. 코드의 각 행과 그림의 각 열에 대하여 서로 비교해보면 반복되는 코드가 만들어진다. 새로운 패턴에 대한 코드의 첫 행은 '1,1,1,1,1,1,1'로 모두 동일하다. 차이점은 두 번째 행에 나타나며, 새로운 패턴과 일치하는 지를 보기에서 제시한 각 코드별로 확인해야 한다. 보기에서 주어진 각 코드별로 만들어지는 패턴은 아래의 표와 같다.

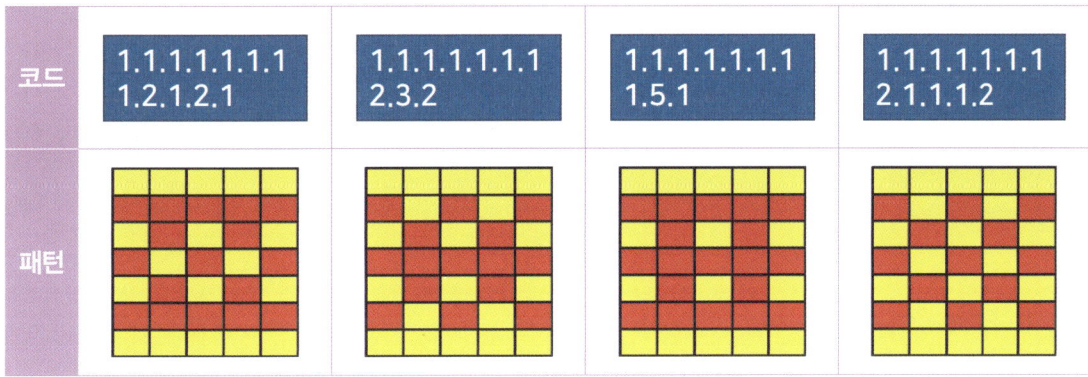

 핵심 주제 및 참고 웹사이트

▶ 자수(embroidery)

▶ https://ko.wikipedia.org/wiki/자수_(공예)

 문제 속의 정보과학

알고리즘은 어떠한 문제를 해결하기 위해 정해진 일련의 절차나 방법을 말하며, 컴퓨터에서는 프로그램 혹은 코드의 형태로 표현된다. 컴퓨터에서 동일한 프로그램을 반복적으로 실행하면 항상 정확하게 같은 결과를 얻을 수 있다.

이 문제에서는 코드의 각 숫자를 전통자수의 패턴에서 빨간색과 노란색으로 구분해보면 주어진 패턴의 특징과 코드 간의 관계를 쉽게 발견할 수 있다.

비버챌린지 공식 교재 안내

[책 소개]

Bebras Korea가 직접 집필한 Bebras Challenge 공식 교재이다. 비버챌린지 문제를 통해 컴퓨팅 사고력을 기르고, 소프트웨어와 정보과학을 재미있고 의미있게 학습할 수 있다.

[이 책이 필요한 사람]

첫째, 컴퓨팅 사고력을 기르고 싶은 사람
둘째, 비버챌린지 참가자

◀ 비버챌린지 II
　 : 비버챌린지로 배우는 소프트웨어(초등학생용)
　 Bebras Korea 지음 / 정가 15,000원

- -

비버챌린지 II ▶
: 비버챌린지로 배우는 정보과학(중학생용)
Bebras Korea 지음 / 정가 15,000원

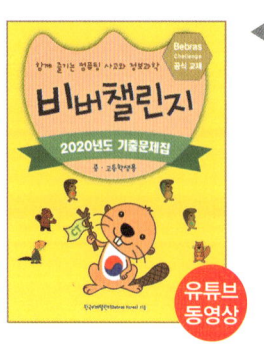

◀ 비버챌린지 II
　 : 비버챌린지로 배우는 정보과학(고등학생용)
　 Bebras Korea 지음 / 정가 15,000원

- -

비버챌린지 ▶
2020년도 기출문제집(초등학생용)
Bebras Korea 지음 / 정가 10,000원

◀ 비버챌린지
　 2020년도 기출문제집(중·고등학생용)
　 Bebras Korea 지음 / 정가 12,000원

◀ 비버챌린지

2019년도 기출문제집(초등학생용)

Bebras Korea 지음 / 정가 10,000원

비버챌린지 ▶

2019년도 기출문제집(중·고등학생용)

Bebras Korea 지음 / 정가 10,000원

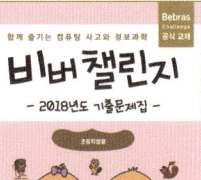

◀ 비버챌린지

2018년도 기출문제집(초등학생용)

Bebras Korea 지음 / 정가 8,000원

비버챌린지 ▶

2018년도 기출문제집(중·고등학생용)

Bebras Korea 지음 / 정가 10,000원

◀ 비버챌린지

2017년도 기출분제집(초능학교 3~4학년용)

Bebras Korea 지음 / 정가 6,000원

비버챌린지 ▶

2017년도 기출문제집(초등학교 5~6학년용)

Bebras Korea 지음 / 정가 7,000원

◀ 비버챌린지

2017년도 기출문제집(중학생용)

Bebras Korea 지음 / 정가 8,000원

비버챌린지 ▶

2017년도 기출문제집(고등학생용)

Bebras Korea 지음 / 정가 8,000원